극락 여행기

KB192056

극락 여행기

1판 1쇄 펴낸날 2024년 3월 31일

지은이 석관정 | **옮긴이** 서길수 | **그린이** 렌쟈즈
펴낸이 이은금
펴낸곳 맑은나라
출판등록 2014년 4월 28일 (105-91-93194)
주소 04056 서울특별시 마포구 신촌로2안길 47. 맑은나라 불교연구회
전화 02-337-1661
전자우편 kori-koguri@naver.com

책값: 14,000원

편집/제작처   (주)북랩 www.book.co.kr

ISBN   979-11-87305-38-5 03220 (종이책)

관정 스님과 함께하는 극락세계 체험

극락 여행기

석관정 지음·서길수 옮김·렌쟈즈 그림

맑은
나라

2024

관정 스님이 직접 그린 극락 사람.
극락 가기 전에는 그림을 전혀 그릴 줄 몰랐다고 한다.

1. 극락이란 어떤 곳인가?
- 극락 여행기

이 이야기는 쉽고 재미있어 누구나 부담 없이 읽어 내려갈 것이다. 그러나 만일 이 이야기에 대한 믿음을 가지고 읽어 간다면 그 안에서 우리는 재미를 넘어서 엄청난 삶의 보석을 찾아낼 수 있다. 기독교 성경에서는 천국에 대한 구체적인 내용이 거의 없어 많은 사람이 단테의 『신곡』이라는 소설을 통해서 천당과 지옥에 대한 이미지를 갖는다. 극락에 대해서는 『아미따경』이나 『무량수경』에 꽤 구체적으로 설명되어 있다. 그러나 이 『극락 여행기』에서는 한 걸음 더 나아가 경전에서 다루지 않은 아주 자세한 극락세계의 모습을 우리 눈높이에 맞추어 이야기해 주고 있다.

이야기는 1967년으로 되돌아간다. 당시 중화인민공화국은 문화대혁명이 시작되면서 모든 종교를 '네 가지 옛것'이라는 이름으로 쓸어 버렸다. 손안에 붉은색『모택동 어록』을 든 어린 학생들은 홍위병이라는 이름으로 지나가는 기차도 세워서 타고, 재산을 몰수하고, 아버지까지 고발하는 전대미문의 반문화, 반인륜, 반혁명을 진행했다. 전국의 모든 절은 단 한 군데도 남기지 않고 스님을 쫓아내고, 불상을 비롯한 모든 시설들을 부숴 버렸다. 그 결과 스님들은 모두 환속하였고, 목탁 소리는 완전히 끊어져 버렸다.

당시 43살이었던 관정 스님도 홍위병에게 쫓겨났지만 몰래 자기가 주지로 있던 맥사암사(麥斜岩寺) 뒤 미륵동굴에 숨어서 혼자 열심히 수행하고 있었다. 어느 날, 누가 부르는 것 같더니 불가사의한 힘에 이끌려 동굴을 나와서 걷다가 관세음보살의 화신을 만나 극락세계를 여행하게 된다. 그때 도솔천을 비롯한 하늘세계를 들러 극락세계에 가서 하품에서 상품까지 돌아보았던 이야기를 기록한 것이『극락 여행기』다. 본인은 그 모든 일정이 20시간쯤 걸린 것 같았는데, 실제 이 세상으로 돌아와 보니 6년 반이라는 세월이 지나 버렸다고 한다.

이 이야기는 선정에서 본 경계도 아니고, 관정 스님이 특별히 기도해서 이룬 결과도 아니었다. 그것은 온전히 관세음보살과 아미따붇다께서 대승불교의 꽃을 피운 중화인민공화국에 불교가 완전히 사라져 버린 것을 보고 새로운 희망의 메시지를 주기 위해 마련한 프로젝트에 관정 스님이 뽑혀서 다녀왔다. 그 뒤 관정 스님은 다시 종교 자유가 선포되자 폐허가 된 중화인 민공화국 불교를 일으키는 데 온 힘을 쏟았고, 미국을 비롯하여 동남아와 한국에 극락을 알리는 데 온 힘을 다하시다가 입적하셨다.

만화처럼 가볍게 읽을 수 있지만 경전처럼 무거운 내용을 가진『극락 여행기』다.

2. 어떻게 하면 극락에 갈 수 있는가?
-『정토선 원리』

　『극락 여행기』를 읽고 '나도 이런 극락에 가고 싶다'라고 생각이 들면 바로 이어서『정토선 원리』를 읽어야 한다. 정토선이란 바로 극락에서 실행되는 수행법이기 때문이다.

　불교에서 궁극적인 도를 이루기 위해 많은 사람이 선(禪)을 수행하고 있지만, 오탁악세인 이승에서 깨달음을 이룬다는 것은 쉽지 않다. 그러므로 한 번 가면 다시는 물러서지 않는 극락에 가서 깨달음 얻으려고 염불하는 것을 '정토 수행'이라고 한다. 정토선은 바로 정토와 선을 합쳐서 더 이상 줄일 수 없는 수행법이다.

　『정토선 원리』에서는 이런 수행법의 원리를 아주 쉽게 정리하여 놓았다. 군더더기 없이 꼭 필요한 이야기만 알기 쉽게 써 놓았기 때문에 특별히 설명하지 않아도 누구나 읽어 가면 정토선 수행법을 이해할 수 있고, 바로 실천에 옮길 수 있다. 이 수행법의 특징은 첫째 단계가 뚜렷하게 나뉘어 있고, 그 단계를 눈 밝은 선지식이 없더라도 스스로 검증이 가능한 것이다. 오로지 "나모아미따불" 6자 염불을 열심히 하면, 언젠가 몸속에서 염불 소리가 나는 자성염불 단계가 되고(이것은 정토선의 으뜸가는 특징이다), 그때는 입으로 소리 내서 염불하지 않고 그 소리를 집중

해서 듣기만 하면 일념(一念) 단계에 들어가고, 거기서 더 나아
가면 그 염불 소리마저 없어지는 무념(無念) 단계가 되면 이른바
깨달음을 얻게 되는 것이다.

관정 스님은 이 수행법이 관정 스님의 수행법이 아니고, 극
락세계 수행법이고, 불보살께서 일러 주신 수행법임을 강조하
였다.

3. 살아서 이로운 가르침
- 인간정토를 이룩하는 원리

붇다의 가르침은 ① 살아 있는 이 세상에서 이득이 있고, ② (과거·현재·미래를) 뛰어넘은 것이고, ③ "와서 봐라!" 할 만한 것이고, ④ 가장 높은 목표(니르바나)에 이르는 것이고, ⑤ 슬기로운 사람은 누구나 알 수 있는 것이라고 했다.

이 장은 살아 있는 세상에 이득이 되도록 이 지구상에서 유토피아를 이룩하는 원리다. 경제사상사를 전공한 옮긴이는 일찍이 토마스 모어의 『유토피아』을 읽고 감동을 받았고, 그 뒤 「공자의 유토피아」라는 논문을 썼으며, 성경과 꾸란 그리고 불경에서 인류 미래를 해결할 유토피아적 경제사상을 찾기 위해 무던히 노력했었다. 그 가운데 불교는 비물질적이고 형이상학적인 내용이 많아 현실적인 물질문명의 위기를 해결하는 유토피아를 찾기 어려웠다. 그런데 관정 스님의 『유토피아』를 읽는 순간 인류의 문제, 해결할 사람, 해결할 사람을 양성하는 구체적인 방법을 제시하였고, 핵 재난이나 인구 문제 같은 아주 구체적인 보기를 친절하게 들고 그 해결 방법을 제시하고 있어 참으로 놀랐다.

결국은 우주라는 하나의 더할 수 없이 큰 심령을 깨달은 사람들만이 인류를 구할 수 있다는 주장인데, 그런 깨달음을 몸으로 자성을 깨닫는 신성각(身性覺)이라고 했다.

어린 학생 시절부터 이 신성각을 이루기 위한 특별 교육을 하는 학교를 세워 이 유토피아론을 현실화시켜 보았으면 하는 바람이 있다. 이 책을 읽은 사람들 가운데 그런 실천가들이 많이 나왔으면 한다.

4. 극락과 염불의 목적
- 우주적 깨달음

옮긴이가 관정 스님을 연구하면서 이 「우주적 깨달음」을 읽고 관정 스님이 매우 위대한 고승이라는 생각을 굳혔다. 어떤 경전에 대한 새로운 해석이나 자기가 깨달은 경계를 내세우는 정도가 아니라 최고의 깨달음인 우주적 깨달음을 종횡무진으로 설명해 나간다. '통일체 우주관', '모두지만 몸통이 없는 것', '부분이지만 나눌 수 없는 것'처럼 꽤 어려운 용어를 사용하고, 경전에 나온 비슷한 용어들을 수없이 반복하고 있어 옮긴이에게는 솔직히 번역하기에 벅찬 논문이었다. 그러나 이처럼 어려운 논리를 전개하였지만, 결론인 '우주적 깨달음을 얻는 방법'은 매우 단순하고 쉬웠다. 그리고 누구나 쉽게 실천할 수 있는 것이었다.

붇다는 중생들에게 반드시 '나모아미따불'을 염불하노록 하였는데, 이것이 바로 붇다가 우주적 각오·우주적 진리·우주는 붇다·붇다는 우주 같은 것을 가르치려는 뜻에 가장 잘 들어맞는 것이다.

아…!

인류는 반드시 '나모아미따불' 염불을 해야 한다!

더 미룰 시간이 없다!

세상에 있는 모든 것(萬物)과 감각이 있는 모든 생명(衆生)은 반드시 '나모아미따불' 염불을 해야 한다.

더 늦출 시간이 없다!

5. 이 책을 단행본으로 내기까지…

　1983년, 〈불교사상〉이란 잡지가 처음 나오면서 불교에 관심을 두기 시작하여 1992년부터는 꽤 본격적인 수행에 들어갔다. 2000년에 체선 단체가 문 닫으면서 다른 스승들을 찾아 참선, 절 수행 등을 계속하다가 2008년, 이승에서 이번 생애에 깨달음을 얻기 힘들다는 생각이 들었다. 다음 생에서도 계속 수행의 끈을 놓지 않고 이어 갈 수 있는 길을 찾다가 그곳이 바로 극락이라는 것을 알고, 염불과 『정토삼부경』을 열심히 공부하였다.

　2008년, 극락 가는 공부를 하기 시작할 때, 『정토선 원리』라는 책에서 극락에서 배워 왔다는 염불을 접하고, 이어서 『극락세계 여행기』를 읽게 되었다. 남극을 가려는 사람은 남극을 다녀온 사람의 이야기를 당연히 들어야 하듯, 극락을 가려고 마음을 먹은 나는 극락 다녀온 관정 스님을 만나려고 수소문하던 중 스님이 1년 전 입적하셨다는 것을 알게 되었다.

　2009년, 정년퇴직하고 바로 산사에 들어가 3년간 관정 스님이 극락에서 배워 왔다는 염불을 하루 6~9시간씩 실천하며, 한편으로는 관정 스님의 저서를 모두 번역하고, 『정토삼부경』을 내 나름대로 다 다시 번역하였다. 그런데 관정 스님이 극락 갔다 온 사실에 대해 중화인민공화국에서는 물론, 미국, 대만, 홍콩, 싱가포르, 한국에서 두 가지 극단적인 평가가 있었다. 한쪽에서는 관정 스님의 책을 많이 인쇄에 수십 가지 버전으로 보급하였고, 다른 한편에서는 극락 다녀온 사실을 믿을 수 없다며 비난하고 있었다.

3년 동안 염불하면서 입산하기 전에 모은 자료들을 모두 다시 번역하고 검토하였다. 평생 역사를 공부한 사람으로서 3년 목표로 공부하고 있는 수행법과 그 수행법을 전한 스님에 관해 연구하는 것은 당연한 일이었다.

하산하여 매일 새벽에 읽으며 번역하였던 『아미따경』(맑은나라, 2014. 5. 30.)을 전자책으로 내고, 동시에 관정 스님이 지은 글을 모두 우리말로 옮겨 『정토와 선』(맑은나라, 2014. 5. 30.)을 펴냈다.

하산한 2012년 말부터 한국은 물론, 중화인민공화국, 미국, 대만, 싱가포르에서 관정 스님의 행적을 찾아다니고, 관정 스님 제자들을 인터뷰하여 2권의 책을 냈다. 관정 스님의 일대기 『극락과 정토선』(2015. 9. 30.)과 제자들과 인터뷰한 내용을 모은 『극락 가는 사람들』(맑은나라, 2015. 12. 25.)이다. 그리고 같은 해, 대만에서 『아미따경』과 관정 스님의 『서녘 극락세계 여행기』를 만화로 낸 책이 있어 그곳 출판사와 계약을 맺고 『만화로 읽는 아미따경』(맑은나라, 2015. 09. 30)을 번역·출판하였다.

3년간의 모든 작업을 마쳤으나 『정토와 선』(628쪽), 『극락과 정토선』(1,102쪽), 『극락 가는 사람들』(1,232쪽)이 너무 두꺼워 일 반인들이 읽을 수 없다는 반응이 있어, 3권의 책에서 고갱이만 뽑아 『극락과 염불』(맑은나라, 2016. 4. 8., 308쪽)을 펴냈다.

그러나 2017년, 정토를 계속 연구할 수 없는 상황이 일어났 다. 중화인민공화국의 시진핑이 미국 트럼프 대통령에게 "Korea 는 China의 일부다."라고 공언하였다. 입산할 때 모든 것을 후 배들에게 맡겼는데, 검색을 해 보니 동북공정은 끝났고, 우리나 라 5,000년 역사 가운데 (고)조선·부여·고구리(高句麗)·발해 역 사 3,260년을 중화인민공화국 국사(國史)로 만들어 버렸다. '큰 일 났다. 붇다도 조국이 망할 때 길에 3번 나앉으셨다'는데, '나 몰라라'하고 극락 가는 공부만 할 수는 없다.'라고 생각하여 그 때부터 자료실을 열고 5년간 몰두하여 2022년, 『동북공정 백 서』를 내고, 2023년, 『중화인민공화국 국사가 된 (고)조선·부여· 고구리(高句麗)·발해』를 펴냈다.

이처럼 다른 길에 몰두하고 있던 2022년 봄, 대구 자운사 스 님이 전에 준비하던 『한국 왕생전』 원고를 내놓으라고 독촉하여 정신을 차렸다. 그래서 작년에는 『모든 붇다가 보살피는 아마따 경』과 『극락 간 사람들 상』(삼국·고리·조선 편), 『극락 간 사람들 하』(근·현대 편)를 낼 수 있었다.

그리고 올해는 5월까지 동북공정 논리 가운데 가장 무거운 주제인 「지방 정권론」 비판을 마치고, 6월부터는 다시 산사로 들어가 『무량수경』과 『관무량수경』을 마치려고 마음먹고 있다. 나도 이제 80살이 넘었으니 발원했던 경전 번역 마무리를 하기 위해서다.

그러던 중 다시 혜명 스님이 "『극락과 염불』도 너무 두꺼우니 관정 스님의 『극락세계 여행기』만 따로 책을 내는 것이 좋겠다"라는 의견을 내어, 급히 지난번 책에서 틀린 곳을 고치고, 대만에서 나온 만화 그림을 넣어 새롭게 편집하여 이 책을 내게 되었다.

2024년 1월 30일
서대문 서실에서 보정 서길수

차례

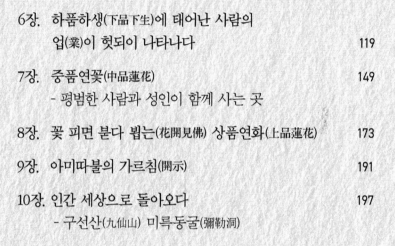

관정(寬淨) 스님의
간추린 한 살이(一生)

　관정 스님은 1924년 7월 14일, 중화인민공화국 복건성(福建省) 보전현(莆田縣) 함강구(涵江區) 장변진(庄邊鎭) 황양촌(黃洋村)에서 태어났다. 1931(7살)년 복건성 개평사(開平寺)로 출가해서 1941 (17살)년 광동성 남화사(南華寺)에서 허운(虛雲) 화상을 스승으로 구족계를 받았다.

　1957(34살)년, 운거산(雲居山)에서 조동종(허운 화상은 정법안장 에는 洞雲宗이라 썼다) 47대 허운(虛雲)·고암(古巖) 화상으로부터 48대 관정 부흥 선사에게 전하는 정법안장(正法眼藏)을 받았다. 1962(39세)년 이후 갱저평사(坑底坪寺)·수련사(水聯寺)·선불사(仙佛 寺) 당가(當家)를 지냈고, 맥사암사(麥斜岩寺) 주지를 맡아 수행에 전념하였다.

1966(43살)년, 문화대혁명이 시작되면서 홍위병에 의해 강제 환속되었으나, 2달 뒤 다시 잠적하여 동굴에서 수행에 몰두하던 중, 다음 해인 1967(44살)년 10월 25일, 관세음보살의 인도를 받아 서녘 극락세계로 떠나게 된다. 이어서 극락세계의 9품 연꽃의 여러 경계를 참관하고 돌아오니 1974(51살)년 4월 8일이었다. 하늘나라와 극락을 하루쯤 다녀온 것처럼 느꼈는데, 실제로 돌아와 보니 6년 5개월이란 세월이 지나가 버린 것이다. (자세한 내용은 본문 참조)

1979(56살)년, 중화인민공화국이 대외 개방을 시작하며 종교활동을 허가하자, 다시 절로 돌아와 개평사(開平寺)·맥사암사·삼회사(三會寺) 주지를 지냈다. 복건성 선유현(仙遊縣) 삼회사(三會寺) 주지로 있을 때, 늘 하루나 이틀씩 선정에 들곤 하였는데, 1980(57살)년 12월 23일부터 29일까지 6일 반 동안 선정에 들어 주위를 놀라게 한 이야기는 지금도 스님들 사이에 전설처럼 내려오고 있다. 이때 귀의한 제자들이 많았다고 한다.

1982(59살)년, 미국으로 건너가 뉴욕의 Mahayana Temple(大乘寺), 샌프란시스코의 Norras Temple(諾那寺), 로스앤젤레스의 Pho Da Son Quan Am Bo Tat Tu(普陀山 觀音菩薩寺)와 Prajna Buddhist Mission(般岩修德善堂) 같은 절에서 행각승으로 있으

면서 불법을 폈다. 미국에서 설법한 내용을 바탕으로 극락 다녀온 이야기를『붇다 나라와 별난 인연(佛國奇緣)』이란 책으로 내고, 극락 가는 수행법인『정토선 원리(淨土禪精義)』출간을 준비하며 미국 신도들의 수행을 이끌었다.

1984(61살)년, 미국으로 건너간 지 2년 만에 베트남계 미국 제자 혜군(慧群, LA 관음보살사 주지) 스님과 함께 고국으로 돌아와 당시 불교 재건 상황을 파악한 뒤, 본격적인 사찰 복원 불사를 시작한다. 관정 스님은 미국 영주권을 20년 이상 가지고 있었지만, 절반 이상을 중화인민공화국에서 살면서 17곳의 사찰을 직접 다시 세우거나 증축을 도왔다(仙游縣: 天馬寺, 麥斜岩寺, 善果巖寺, 滴水巖寺, 香山寺, 西方寺, 三會寺, 仙門寺. 永春縣: 淸泉巖寺 허운 화상 사리탑. 德化縣: 靈鷲巖寺, 彌勒大殿, 觀音巖. 永泰縣: 仙佛寺). 관정 스님이 관계된 절은 모두 가난하고 스님들도 공부를 못한 분들이라, 관정 스님은 이런 분들에게 3개월 속성 과정으로 불교 기초와 법회 방식을 가르쳐 절에 머물도록 하여, 대부분이 문맹인 시골 마을 사람들에게 불교를 생활화하도록 해 주었다. 실제로 그런 시골의 조그마한 절이나 농부들이 관정 스님을 살아 있는 붇다(活佛)라고 하는 말은 빈말이 아니었다. 살아 있는 붇다가 아니라 요즈음 말로 산타클로스 할아버지라고 하는 것이 더 어울리는 불사였다. 이와 같은 불사는 모두 미국, 대만, 홍콩, 싱

가포르, 한국에 다니며 직접 모은 성금으로 이룩한 것이었다.

이처럼 미국과 중화인민공화국의 수많은 절에서 지도하고, 수많은 절을 새로 세우거나 수리했지만, 어느 한 절에 적을 두고 계속 머문 적이 없었다. 늘 스스로를 '구름처럼 떠도는 중(雲遊僧)'이라 부르며, 필요한 곳에 가서 필요한 것을 도와주었다. 필요에 따라 어떤 절 주지라고 한 적은 있으나, 불사가 끝나면 그 절을 현지 스님에게 넘기고, 또다시 구름처럼 거침없이 미국으로, 싱가포르로, 홍콩으로, 한국으로 돌아다니며 행각승 노릇을 이어 갔다.

미국으로 건너가 터를 잡은 5년 뒤 1987년, 싱가포르 강연을 바탕으로 『극락세계 여행기(極樂世界遊記)』, 『정토선 원리(淨土禪精義)』란 책이 발간되어 본격적으로 대만, 홍콩, 싱가포르, 중화인민공화국, 한국에 퍼지게 된다. 이 두 책이 퍼지면서 관정 스님에 대한 평가는 크게 두 가지로 갈린다. 하나는 '관세음보살의 영험으로 극락을 다녀와 쓴 여행기는 극락이 어떻게 생겼고 어떻게 가는지를 알려 주는 좋은 지침서'라는 것이고, 다른 하나는 '극락을 다녀왔다는 이야기는 믿을 수 없다'라는 것이다. 아마 중화인민공화국 성립 이후 계속 중화인민공화국 본토에 남아 있던 스님들이 쓴 책 가운데 이처럼 커다란 반향과 논란이 있었던 것은 없었을 것이다. (자세한 내용은 저서『극락 가는 사람들』5~6마당 참조).

　중화권의 이와 같은 평가는『극락세계 여행기(極樂世界遊記)』에만 집중되어 있고, 이상하다고 할 정도로 극락에 가는 수행법을 상세하게 다룬『정토선 원리(淨土禪精義)』에 대해서는 단 한 줄의 평가도 이루어지지 않았다(최근에는 조금씩 소개는 되고 있다). 그러나 한국에서는 정토선을 수행하는 단체도 생기고, 실제로『정토선 원리(淨土禪精義)』에 나온 수행법에 따라 수행하여 수행법의 고갱이(核心)라고 할 수 있는 자성염불(自性念佛)을 이룬 사람도 많이 생겨났다는 것은 특기할 만한 사실이었다. 이것은 1997년 한국 불교단체의 초청으로 한국을 방문한 뒤 2004년까지, 8년간 모두 16차례에 걸쳐 한국에 와서 전국 여러 곳에서 100회가 넘게 정토선 염불이 극락 가는 지름길이라는 것과 그 구체적인 방법을 강의했기 때문이라고 볼 수 있다.

　2007년 음력 6월 19일(양력 8월 1일), 복건성 선유현 삼회사에서 세상을 떠났는데, 세속 나이 83살(한국 나이 84살), 출가 나이(法臘) 76살이었다. 선문사(仙門寺)에서 다비할 때, 89알(顆)의 사리가 나왔는데, 현재 중화인민공화국, 대만, 한국에서 제자들이 모시고 있다.

❀ 사진으로 보는 관정 스님 ❀

관징 스님 사자후

'서초법조인불자회' 초청법회(2003.02.20, 세랍 79살).

중국 근대 3대 고승 쉬윈(虛雲) 화상 전법 게송

서녘 극락세계에서 보내온 사람
가슴의 卍자 영원(靈源)의 징표
선정 함께 닦아 자성 달 같으니
정법안장 다시 떨쳐 일어나리라!

※ 1957년 쟝시성(江西省) 쩐루선사(眞如禪寺)에서

寬淨和尙 行化寺刹地圖

閣亭寺

能仁寺

九仙山 靈鷲巖寺
彌勒大殿

清泉岩寺 ·
虛雲老和尙 舍利塔

閣亭寺　福建省 福州市 永泰縣 盖洋乡 东北14公里 赤岭村
能仁寺　福建省 福州市 永泰縣 长庆镇 下濟村 下濟寺
靈鷲巖寺　福建省 泉州市 德化縣 赤水·上涌·大铭 三乡镇交界处 九仙山
彌勒大殿　福建省 泉州市 德化縣 赤水·上涌·大铭 三乡镇交界处 九仙山
清泉巖寺　福建省 永春縣 泉州市 湖洋镇 蓬莱村 岩屏山中

誕生地：福建省
莆田市 涵江區
庄邊鎮 黃洋村

開平寺　福建省 南平市 西芹鎮

仙佛寺　福建省 福州市 樟城鎮 八仙路 88

敎忠寺　福建省 福州市 永泰縣 梧桐鎮 潼关村 大洋 屏峰山

天馬寺　福建省 莆田市 仙遊縣 遊洋鎮 天馬村

麥斜巖寺·善果巖寺·滴水巖寺·香山寺　福建省 莆田市 仙游縣 鍾山鎮

鳳飛寺·三會寺·西方寺·仙门寺　福建省 莆田市 仙游縣

1924년 7월 7일 탄생

탄생지 : 중국 福建省 莆田市 涵江區 庄邊津 黃洋村

쉬윈(虛雲) 화상을 스승으로

1931년 2월 19일(7살) 출가
1939년 2월 19일(15살) 수계

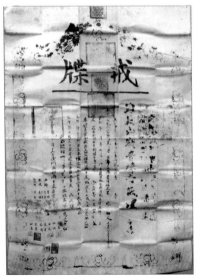
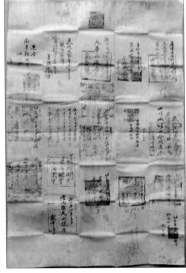

1957년 9월 19일(15살) 정법안장

조동종(曹洞宗=洞雲宗) 47대 쉬윈(虛雲) 화상
관징에게 48대 전법계승자로 정법안장 부촉

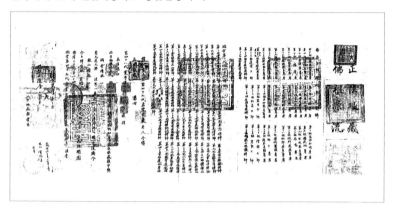

관징(寬淨) 스님 유품에서 나온 쉬윈(虛雲) 화상 법상

앞면

뒷면

1967년 10월 26일 마이셰옌사(福建省 仙遊縣 鍾山鎭 麥斜岩寺)
미륵동굴에서 좌선하던 중 관세음보살의 인도를 받아 극락세계로 출발.

원쥐산(雲居山) 중턱에 있는 마이셰옌사(麥斜岩寺)

참선 정진하던 동굴 입구

아래로 연결된 동굴 출구들

1974년 4월 8일 6년, 5개월간 극락세계 참관하고
쥐셴산(福建省 德化縣 九仙山) 미륵동굴에서 귀환.

쥐셴산 미륵동굴 전경

쥐셴산 미륵동굴 입구

미륵동굴 내부

1979년 종교자유화가 된 뒤 산휘사(三會寺) 주지

1981년 산휘사 첫 제자 홍셴(宏仙, 현 샹산사 주지)

1982년 미국 떠나기 직전 제자와 함께!

1979년 미중 수교 뒤, 1982년
중국 대륙 스님으로는 최초로 미국 뉴욕 대승사 가서 포교

7살 출가하니 법명은 寬淨
큰스승 虛雲 스님 선종 전해주시고,
오대산 能海 스님 밀종 전해주시고,
보타산 深日 스님 정토 전해주시어,
3가지로 교화하니 정법 일어나누나!
　거사 竹軒 절하며 짓다.

『미국 대승사 50주년 기념집』
「깊이 선정을 닦은 관징 화상, 대승사에서 안거」

1983~ 미국 활동상황

1983 샌프란시스코
미주불교회 명예회장

1986 로스엔젤리스
관음보살사 명예주지

1983 뉴욕 대승사

1987 LA 반야수덕선당

1984년 미국 제자와 함께 조국 방문하고 불교 성지순례

1984년 6월 31일 우타이산(五臺山) 분향

쥐화산(九華山) 지장전 분향

푸퉈산(普陀山) 푸지선사(普濟禪寺) 분향

30년간(1985~2005년) 중국에 17개 사찰 창건 및 중건

17개 사찰을 본인이 직접 설계·감독하였다. 모든 재원은 다 미국·대만·싱가포르·
말레이시아·홍콩·한국 같은 외국 제자들이 보시하였다.

공사현장 직접 지휘

샹산사(香山寺). 1985년 완공

공사중인 링쥐옌사(靈鷲巖寺) 전경. 1990년 낙성

톈마사(天馬寺) 1991년 낙성

미러대전(彌勒大殿) 1992년 낙성

산궈옌사(善果岩寺) 1995년 낙성

띠쉬옌사(滴水岩寺) 1996년 낙성

한국방문 16차(1997~2004 8년간)
100회 넘는 법회를 통해 정토선 보급

서울 능인선원 대법당(1997. 3. 9)   신문 보도(2001)

1000名 참석한 강진 백련사 법회 (2000. 5. 27. 굉선 제공)

불교방송국 대법당(2002.3.2)   법조인불자회(서초구민회관 2003.2.20)

2007年 음력 6月 19日(양력 8月 1日) 0時 원적

관징 스님 사리 : 89과가 나왔고, 그 뒤 18과가 늘어 현재 107과

관징 화상(寬淨和尙) 연탑(蓮塔) 비문

師生甲子年 七歲入開平 十七南華戒 接洞雲傳燈 繼普陀蓮淨
承五台密眞 一九六七間 遊極樂七年 回傳淨土禪 說佛國眞情
往美國宏法 佛敎會長名 世界傳道場 歸徒七萬人 國內興寺院
十七處叢林 福慧雙修法 圓融無碍明 法輪頻常轉 佛日永高懸

스님은 갑자년(1924) 태어나 7살에 개평사(開平寺)에 들어가,
17살에 남화사(南華寺)에서 계 받고, 동운종(洞雲宗) 법을 이어받았으며,
보타산(普陀山) 정토종(蓮淨) 잇고, 오대산(五臺山) 밀교(密眞)를 받았다.
1967년부터 7년간 극락을 여행하고 돌아와 정토선(淨土禪)을 전하고
부처님 나라의 참된 모습을 설하였다.
미국으로 가 가르침을 펴고 불교 회장을 맡아 세계에 도장(道場) 전하니
7만 명이 귀의했고, 나라 안에서는 절을 일으켜 17곳이 총림이 되었다.
복과 지혜를 함께 닦아(福慧雙修法) 두루 통해 막힘없이 밝으니,
가르침의 바퀴 쉼 없이 돌고, 부처님 해 오래도록 높이 걸려 있구나!

첫째 마당

극락 여행기

지금까지 이 세상 누구도 찾아내지 못한
옛사람을 놀라게 하고 이 시대를 빛낸
몸소 서녘 극락을 다녀온 큰스님의 강론

지금까지 나온 갖가지 『극락 여행기』 번역본

관정 스님이 보고 온 극락세계를 직접 그린 모습

1987년 4월[1] 싱가포르 남해보타산(南海普陀山)[2] 강연

여러 법사님들! 여러 큰스님들! 여러 신도님들!
안녕하십니까!

오늘 우리는 붇다와 맺은 인연이 있어 이 자리에 함께 모이게
되었고, 아울러 전생이나 과거세(過去世)에 맺은 인연이 있어 비
로소 오늘 여기서 만날 수 있게 된 것입니다. 제가 말씀드리려
고 하는 것은, 제가 몸소 서녘 극락세계에 직접 가서 겪은 경위
와 아울러 극락세계에서 보고 들었던 형편과 모습을 모두 여러
분께 알리고자 하는 것입니다.

제가 말씀드리고자 하는 것은 다음 다섯 가지입니다.

---

1) 1987년 4월 17일~19일(음력 정묘년 3월 20일~22일) 금요일에서 일요일까지 날마다 저녁 7시에 한 강연.
2) 싱가포르에 있는 절(新加坡惹蘭林沐門牌八二五B, No 825-B JlnLimbok)

1) '제가 어떻게 극락세계에 가게 되었는가? 어떤 인연으로 그 곳에 갈 수 있었는가?' 하는 것입니다. 실제로 제가 극락세계에 다녀온 시간이 (느낌으로는) 모두 합해서 20시간쯤 된다고 생각했는데, 다시 인간 세상에 돌아왔을 때는 이미 6년 5개월 남짓 지나 있었습니다.

2) 서녘 극락세계에 갔다 오는 동안 제가 잇따라 들렀던 곳은 (먼저) 나한동(羅漢洞)³⁾·도리천(忉利天)⁴⁾·도솔천(兜率天)⁵⁾을 들 수 있고, 그다음 다시 극락세계의 3군데, 곧 하품연꽃(下品蓮花)·중품연꽃(中品蓮花)·상품연꽃(上品蓮花)에 갔었습니다.⁶⁾ 제가 여러분에게 말씀드리고자 하는 것은 이 세

---

3) 나한동(羅漢洞): 나한(羅漢)들이 머무는 세계로, 나한은 아라한(阿羅漢)의 준말이다. 아라한(阿羅漢, arhan)이란 성문이 깨닫는 수다원·사다함·아나함·아라한 4단계 가운데 가장 윗자리로, 3계의 번뇌를 모두 끊고 수행이 완성되어 존경과 공양을 받을 수 있는 지위를 말한다. 초기 불교에서는 최고의 깨달음을 얻은 이를 말한다.

4) 도리천(忉利天): 하늘나라 욕계(欲界)는 사왕천(四王天), 도리천(忉利天), 야마천(夜摩天), 도솔천(兜率天), 화락천(化樂天), 타화자재천(他化自在天) 같은 여섯 나라가 있는데, 두 번째 나라가 도리천이다. 수미산 꼭대기에 있는데, 가운데 제석천(帝釋天)이 있고 4방에 8개씩 32개 하늘나라가 있어 모두 33개 하늘나라가 있다고 한다.

5) 도솔천(兜率天, Tuṣita-deva): 하늘나라 6욕천(六欲天) 가운데 넷째 하늘. 수미산 꼭대기로부터 12만 유순 위에 있는 하늘인데, 7가지 보석으로 된 아름다운 궁전이 있고, 헤아릴 수 없이 많은 하늘사람들이 살고 있다고 한다. 여기에는 내원(內院)과 외원(外院)이 있는데, 외원은 일반 하늘사람들이 사는 곳이고, 내원은 미륵보살의 정토(淨土)이다. 이곳에 앞으로 붙다가 될 보살(현재는 미륵보살)이 다스리고 있다가 때가 되면 지상으로 내려와 법을 편다고 한다.

6) [원문 주] 각 품 연꽃(蓮花)은 다시 상·중·하 3등급으로 나뉘어 모두 합쳐 9품 연꽃(九品蓮花)이라 한다.
[옮긴이 주] 9품 연화에 대해서는 본문에서 구체적인 정황이 나오기 때문에 자세히 설명하지 않는다. 경전과 비교해 보려면 『무량수경(無量壽經)』과 『관무량수경(觀無量壽經)』 참조.

곳의 경계가 도대체 어떠한가 하는 것입니다.

3) 9품에 가서 태어나는(往生) 실제 사정과 형편에 대해 말씀 드리겠습니다. 쉽게 말하면, 중생들이 싸하세계[7]에서 수 행하여 얻은 공덕이 9품 연화 가운데 어느 품(品)에 가서 태어나도록 결정되는지, 또 각 연꽃의 품마다 그 안에서 일 어나는 실제 생활의 정경, 보기를 들면 그들 몸 생김새의 특징, 옷과 낯빛, 먹을거리와 지내는 생활, 연꽃의 높이와 크기 같은 것들이 도대체 어떠한지 말씀드리고자 합니다.

4) 극락세계 중생들의 수행 방법에 대해 말씀드리겠습니다. 쉽게 말하면, 그곳에 가서 태어난 사람들이 어떤 방법으 로 수행하여 한 품, 한 품 아래서 위로 올라가 끝내 '붇다'

---

* 앞으로 원문에 있던 주는 [원문 주]라고 따로 표시하고, 나머지는 모두 옮긴이의 주이기 때 문에 [옮긴이 주]라는 표시를 하지 않는다. 다만 [원문 주]와 함께 있을 때만 [옮긴이 주]라는 표시를 한다.

7) 싸하세계(Sahā-lokadhātu, 娑婆國土): 한자는 소리 나는 대로 사바(娑婆)·사하(沙訶)·사하(沙 呵)·색하(索訶)라고 했고, 뜻으로는 참고 견딤(堪忍)·참는 나라(忍土)로 옮겼다. 사꺄무니(釋迦 牟尼) 붇다가 태어난 이 세상을 말한다. 이 땅의 중생은 여러 가지 번뇌를 참고 나가야 하고, 또 성인도 이곳에서 어려움을 참고 교화해야 하므로 이 세상을 '참고 견디는 나라'라고 했다. 우리가 흔히 사바세계라고 하는데, 한자에서 사바(娑婆)와 사하(沙訶·娑呵)가 다 나온다. 홍 법원 사전에는 싸하(Saha)와 싸바(Sabhā) 두 개의 산스크리트 낱말이 다 나오는데, 『불광사 전』에서 싸바(Sabhā)는 나오지 않는다. 산스크리트-영어 사전에는 싸하세계를 나타내는 낱 말로, 싸하(Saha)만 들고 있고, 싸바(Sabhā)는 모임(assembly), 회합(congregation), 만남 (meeting), 회의(council) 같은 뜻만 있고, '참고 견딘다'라는 뜻이 없다.

라는 도를 이루는가 하는 것입니다.

5) (극락에) 가서 태어난 사람 가운데 서로 알게 된 사람들이 제가 싸하세계로 다시 돌아가게 되면 그들의 가족에게 안부를 전해 달라는 부탁도 있었습니다.

* 앞으로 법사가 서녘 극락세계에 가서 겪은 경과를 말할 때 1인칭 '나'는 (관정) 스님 자신을 말하는 것임.

1장

길에서 만난 별난 인연

- 관세음보살 안내로 찾아간 거룩한 경계

1967년 10월 25일에 일어난 일이다.

　그날 나는 맥사암사(麥斜岩寺)[8] 미륵동굴(彌勒洞)에서 좌선을
하고 있었는데, 갑자기 누군가가 나를 부르는 듯한 소리가 들리

---

8)　[원문 주] (관정) 법사는 그 절 주지였다.
　　[옮긴이 주] 복건성(福建省) 선유현(仙游縣) 종산향(鍾山鄉) 맥사암촌(麥斜岩村)에 있는 절.
　　1966년 문화혁명으로 파괴될 당시, 관정 스님은 이 절의 주지였다. 이 당시는 이미 절이 폐쇄
　　되었고, 관정 스님이 홍위병 몰래 동굴에서 숨어서 수행하고 있었다. 자세한 것은 관정 스님
　　일대기 『극락과 정토선』 참조.

더니, 이어서 나를 떠밀어 앞으로 걸어가게 하였다. 이때 나는 좀 취한 사람처럼 얼떨떨해서 무슨 까닭인지 묻지도 않고 바로 절을 나섰다. 다만 내 마음속에서는 내가 이즈음 복건성(福建省) 덕화현(德化縣)에 가서 떠돌고 있다는 것은 알 수 있었다.

걷고 또 걸었지만 가는 동안 조금도 힘든지 몰랐고, 배도 고프지 않았다. 다만 목이 마를 때는 두 손으로 샘물을 떠서 몇 모금 마셨을 뿐이고, 몇 날 몇 밤을 걸었는지도 알 수가 없었다. 아무튼 길을 가는 동안 쉬거나 잠을 잘 필요가 없었으며, 한 가지 기억나는 것은 그때는 모두 밝은 대낮이고, 맑게 갠 날이었다.

덕화현(德化縣)을 지나 상용(上湧)에 있는 구선산(九仙山)이 멀지 않은 곳에 다다랐을 때, 갑자기 의식이 깨어나고 있다는 것을 느꼈다. 그때 나는 길 가던 사람이 "오늘은 10월 25일"이라고 하는 것을 들었다.

다음 날 새벽 3시로 기억한다. 길을 가다가 우연히 노스님 한 분을 만났는데(나중에야 관세음보살의 화신이라는 것을 알았다), 그분의 옷차림이 나와 똑같았다. 우리는 본디 서로 아는 사이는 아니었지만, 같은 길을 가는 사람을 만났기 때문에 아주 자연스럽게 마치 약속이나 한 것처럼 바로 서로 두 손을 모아 인사를 나누었다.

우리는 서로 이름을 댔는데, 그 노스님은 나에게 자신을 이
렇게 소개하였다.

"내 법호는 원관(圓觀)이오. 오늘 우리는 서로 인연이 있어
만났으니, 구선산(九仙山)이나 찾아가 함께 돌아보는 것이 어
떻겠소?"

마침 같은 길을 가고 있었기 때문에 나는 머리를 끄떡여 좋
다는 의사를 표했다. 이렇게 우리는 걸으며 이야기하면서 함께
길을 갔다. 길을 가는 동안 그분은 마치 나의 오랜 과거의 내막
을 환하게 꿰뚫어 보듯이 수많은 인과를 얘기해 주었는데, 마치
신화(神話)를 얘기하듯이 나의 지난날 전생, 곧 어느 생에는 어

느 곳 어느 지점 어느
때 태어났는지 고스란
히 털어놓았다.

　아주 신기하게도 그
분이 말해 주는 한마디
한마디를 뚜렷이 기억
할 수 있었다.[9]

　이야기하며 걷다 보
니 나도 모르는 사이에
이미 구선산(九仙山)[10]
에 이르렀다.

　이 산 위에는 미륵동
굴(彌勒洞)이라는 큰 동굴이 하나 있는데, 이곳이 우리가 본디
가려고 하는 목적지다. 동굴 안은 방 한 칸 크기밖에 되지 않지
만, 미륵불상이 모셔져 있으므로 '미륵동굴'이라고 부른다.

---

9)　[원문 주] 7년 뒤 관정 스님은 그분의 말씀에 따라 여러 곳을 가서 조사해 보니 전생마다 실제
　로 그런 사람이 있었으며, 시간과 장소도 다 정확했는데, 모두 스님으로 살았다. 다만 한 살이
　(生涯)만 재가신도로 살았는데, 청(淸)나라 강희(康熙, 1662~1722) 때였으며, 살았던 곳은 복
　건성(福建省) 상용방(上涌方) 계격촌(桂格村)이었다. 이름은 정원사(鄭遠思)로 6남 2녀를 낳아
　길렀는데, 그 가운데 한 사람이 진사 벼슬을 했고, 주소와 시간, 무덤들을 조사해 보니 모두
　가 사실이었다. 현재 121가구에 450명이 넘는 후손이 살고 있다.
10)　[원문 주] 복건성에서 가장 높은 산.

그러나 우리가 구선산에 이르러 산을 반쯤 올라갔을 때, 기이한 모습이 눈앞에 나타났다. 눈앞에 보이던 길이 갑자기 바뀌어 버렸는데, 이미 바뀐 길은 이전 구선산에 나 있던 길이 아니었다. 새로운 길은 돌을 다듬어서 만들었는데, 어슴푸레한 빛을 띤 것이 아주 특이했다. 산 끝에 이르러 바라보니 원래 그 산에 있던 '미륵동굴'이 아니고 완전히 딴 세상에 와 버린 것이다.

눈앞에 펼쳐진 것은 이제껏 본 적이 없는 큰 절인데, 대단히 장엄하고 화려했으며, 큰 절의 양쪽에는 두 개의 보탑(寶塔)이 더 있었다. 얼마 걷지 않아 우리는 바로 산문(山門)에 이르렀다.

문득 보니 흰 돌로 쌓은 산문은 구조가 매우 웅장하고 아름다웠으며, 큰 문 위에는 금으로 새긴 커다란 현판(懸板)이 걸려

있는데, 겉면에 쓰인 커다란 금빛 글씨는 무슨 뜻인지 전혀 알
수가 없었다.

산문 앞에는 스님 4명이 있었는데, 몸에는 붉은 장삼을 걸
치고 허리에는 금띠를 둘렀으며, 모습이 점잖고 엄숙했다. 우
리 두 사람이 온 것을 보자 모두 몸을 굽혀 절하며 맞이하였
고, 우리도 얼른 답례하였다. 이때 내 마음속에 '이곳 스님들
의 옷차림이나 치렛거리는 본 적이 없는 것인데, 라마승(喇嘛
僧)[11] 같지 않은가!'라는 생각이 들었다. 그들은 모두 웃음을 머
금고 "어서 오십시오. 환영합니다!"라고 말하며 우리들을 안으
로 안내했다.

---

11) 라마승(喇嘛僧, Lama): 티베트 말 bla-ma 또는 lama를 소리 나는 대로 옮긴 것이다. 일반적
으로 티베트와 몽골의 스님들을 높이어 일컫는 말이다. 중화인민공화국에서 뜻으로 상사(上
師)·상사(尙師)라고 옮기는데, 가장 높은 사람(最上者·上人)이란 뜻으로, 산스크리트의 따라
(uttara, 鬱多羅) 또는 구루(guru, 咕嚕)에 해당한다.

산문 안으로 들어가 몇 개의 전각을 지나는데, 참 신기하게도 이곳 건물들은 모두 빛을 내고 있었고, 모든 건물이 장엄하고 화려해서 볼 만하였다. 안쪽으로 들어가자 아주 긴 복도만 보이는데, 복도 양쪽에는 이름도 알 수 없고 빛깔도 다른 갖가지 신기한 꽃과 나무들이 심어져 있었고, 창문을 통해 밖을 내다보니 보탑이나 크고 화려한 집(殿堂) 같은 건물들을 볼 수 있었다.

얼마 뒤 우리 일행은 첫 대전(大殿)에 이르렀다. 대전 위에는 금으로 쓴 4글자가 번쩍이고 있었는데, 한문(漢文)도 아니고 영어도 아니라 알아볼 수가 없어 원관 노스님에게 이 4글자가 무슨 뜻인지 여쭈어보았더니, 노스님은 '중천나한(中天羅漢)이다'라고 대답해 주었다. 나한이란 이름을 부른 것 보고, 나는 바로 이곳은 틀림없이 아라한(阿羅漢)[12]들이 수행하여 얻은 경계라는 생각이 들었다. 여기까지 오니 나는 어슴푸레하게나마 '이곳은 이미 우리 인간의 세계가 아니구나!' 하는 것을 느낄 수 있었다. 그 글자 가운데 현재 내가 기억해 낼 수 있는 한 글자는 '韭'이고, 나머지 3글자는 기억이 나지 않는다.

---

12) 아라한(阿羅漢, arhan): 초기 불교 수행자 가운데 최고의 경지. 온갖 번뇌를 끊고 4가지 거룩한 진리(四聖諦)에 대한 이치를 깨달아 세상 사람들의 공양을 받을만한 공덕을 갖춘 성인.

나와 원관 노스님이 우연히 만났을 때가 새벽 3시였기 때문에 이때쯤 아마 동틀 무렵이 되었으리라 생각했는데, 보이는 것은 큰 집 안팎뿐이었다. 아주 많은 사람이 드나들고 있었는데, 노랗고 하얗고 누렇고 검은 갖가지 살빛이 모두 있었고, 그 가

운데 누른빛이 가장 많았으며, 사내·계집·늙은이·젊은이가 모두 있었다. 그들의 옷차림은 멋있고 특별했으며, 모두 빛을 내고 있었다. 서너 사람이나 대여섯 사람이 떼를 지어 무술을 닦는 사람들도 있고, 즐겁게 노래하고 춤추는 사람들도 있고, 바둑 두는 데 골몰하는 사람들도 있고, 조용히 앉아 호흡을 조절하고 정신을 통일하고 있는 사람들도 있었는데, 모두 기쁨과 즐거움으로 가득 찬 모습들이었다. 우리가 온 것을 보자 모두 상냥하게 머리를 끄덕이고 웃으며 기꺼이 맞이하는 뜻을 드러냈지만, 우리들과 이야기를 나누지는 않았다.

큰 건물 안으로 들어갈 때 4자의 큰 글자가 보였는데, 원관 노스님이 "저것은 '대웅보전(大雄寶殿)'이란 네 글자다"라고 알려

주었다. 두 분의 노화상(老和尙)[13]이 와서 우리를 맞이하였는데, 그 모습을 살펴보니 한 노화상은 수염이 하얗고 아주 길었으며, 다른 한 노화상은 수염이 없었다. 그들은 원관 노스님이 온 것을 보자마자 바로 몸을 굽혀 오체투지(五體投地)[14]로 큰절을 올렸다. 중천나한에서 원관 노스님에게 이처럼 큰절로 예를 갖추는 것을 보고, '원관 노스님은 결코 예사롭지 않은 분이구나!'라는 생각이 들었다.

그들이 우리를 손님방(客廳)으로 맞이해 갈 때 대웅보전 안 곳곳을 둘러보니 문득 향 연기가 피어오르는데, 그 맑은 향내가 코에 스쳤으며, 땅바닥은 모두 은은한 빛이 나는 흰 돌로 깔려 있었다. 그런데 이상하게 법당 안에 불상(佛像)은 한 분도 모시지 않았는데 공양물은 아주 많았다. (그 가운데) 산 꽃(生花)은 마치 고무공만큼 컸고 모두 둥근 북처럼 생겼는데, 꾸며 놓은 온갖 등(燈)은 빛깔이 가지가지로 많고 찬란하게 빛났다.

손님방으로 들어가자, 노화상은 아이가 가지고 온 물 2잔을 받아 주었다.

그 아이를 살펴보니 머리꼭지에 2가닥 쪽을 찌고, 몸에는 초

---

13) 화상(和尙)은 수행을 많이 한 중이나 중을 높여 부르는 말.
14) 오체투지(五體投地): 불교에서 절하는 법의 하나. 처음에 두 무릎을 땅에 꿇고 두 팔을 땅에 대고 그다음에 머리를 땅에 대어 절한다. 몸의 다섯 부분을 땅에 대고 절하는 가장 높은 절. 티베트 라마교에서 많이 하는 절이다.

록색 옷을 입고, 허리에는 금띠를 둘렀는데, 아이의 차림새가 아주 보기 좋았다. 잔에 담긴 물은 흰빛이고, 맑고 시원하고 달았다. 내가 반 잔쯤 마셨을 때 원관 노스님도 함께 마셨는데, 마시고 나니 정신이 훨씬 맑고 시원하게 느껴지고, 온몸이 산뜻하여 피곤한 느낌이 조금도 들지 않았다.

원관 노스님과 노화상은 귓속말로 무엇인가 이야기하고 난 뒤, 노화상이 아이더러 나를 데리고 가서 몸을 씻도록 안내하라고 일렀다. 얼핏 보니 맑은 물이 가득 찬 하얀 구리 동이가 이미 그 자리에 마련되어 있었다. 나는 바로 얼굴과 몸을 씻고 젖은 수건으로 몸을 닦은 뒤, 나를 위해 미리 마련해 놓은 깨끗한 잿빛 승복(僧服)을 입었다. 목욕을 마치고 나니 몸과 마음이 훨씬 시원하고 산뜻해졌다. 이때 '내가 오늘 정말 거룩한 경계(聖境)에 들어왔구나!'라고, 생각하니, 마음속에 우러나오는 기쁨을 어떤 말로도 표현하기 어려울 지경이었다.

손님방으로 다시 돌아왔을 때, 나는 바로 노화상 앞에 무릎을 꿇고 세 번 절한 뒤 가르침을 청하고, 장래 불교의 앞날이 어떻게 될 것인지 물었다. [15] 노화상은 한마디 말도 하지 않고 다만 붓을 들어 종이 위에 여덟 글자를 썼는데, 그 8자는 이렇다.

불자심작(佛自心作): 붇다는 스스로 마음이 만드는 것인데
교유마주(教由魔主): 가르침은 마라(魔羅)[16]가 주인 노릇 하네.

노화상이 그 종이를 건네주어 두 손으로 받아 들고 8글자 속에 들어 있는 뜻을 이리저리 꼼꼼하게 따져 보고 있는데, 다른 노화상이 나를 위해 알기 쉽게 풀어 설명해 주었다.

"이 8글자를 가로세로·세로가로·왼쪽 오른쪽·오른쪽 왼쪽·위 아래·아래위로 마지막 글자를 나누어 36구절을 읽어 내면 앞으로 100년 안의 불교 정황을 알 수 있고, 만일 다시 이 36구절로 840구절을 끌어내면 온 세계 불교가 앞으로 어떻게 발전할 것

---

15) 이때 중화인민공화국 불교는 문화혁명 때문에 완전히 사라져 버린 위기 상황이므로, 앞으로 이 일이 어떻게 전개될 것인지 관정 스님에게는 가장 절실한 문제이기 때문에 질문을 한 것이다. (자세한 것은 관정 스님 일대기 『극락과 정토선』 참조.)

16) 마라(魔羅, māra): 산스크리트 māra의 소릿값을 따서 한자로 마라(魔羅)라고 옮겼는데, 한자에서는 간단하게 줄여서 쓰는 습관이 있어 흔히 마(魔)라고 줄여서 쓰면서 마라(魔羅)가 마(魔)로 굳어졌다. 산스크리트를 한문으로 옮길 때 뜻에 따라 마(魔)로 옮긴 것으로 잘못 아는 경우가 더 많은데, 소리를 따서 옮긴 것이다. 마라(魔羅)란 불도를 닦는 데 장애가 되는 귀신이나 사물을 말한다. 우리가 흔히 쓰는 마구니는 마라의 무리인 마군(魔群)을 부르다 변한 것이다.

인가 하는 정황과 불교가 중생제도를 마칠 때까지도 알 수 있
게 된다."[17]

---

17) [고침판 추가]: 관정 큰스님의 뜻에 따라 이 840구절은 앞으로 시기가 무르익었을 때 공개하기
   로 하고, 여기서는 그 가운데서 다만 18구절만 공개한다.
   [원문 주]: 내가 나한동에서 노인에게 "중화인민공화국 불교의 장래는 어떻습니까?" 하고 여쭈
   었더니, 노인이 붓으로 8글자를 써 주고, 다른 노인 "그대가 돌아가서 천천히 생각해 보면
   36구절을 자연히 알게 될 것이오."라고 말했는데, 지금까지 풀어낸 것입니다. 아직 꼭 정확한
   것은 아니니 참고만 해 주시고, 다들 함께 연구하시면서 문예(文藝) 활동 정도로 여겨 주시기
   를 바랍니다.
   본디 4글자가 1구절이 되는데, 마지막 글자의 자획(字劃)을 나누어 쓰게 된다. 그렇게 되면 '교
   (教)' 자의 다음 구가 '문(文)'자가 되는 것과 같은 것임.
   ① (文)불자심작(佛自心作): 사꺄무니 붇다가 "스스로의 마음이 붇다를 이룬다(自心作佛), 모
      든 것은 오로지 마음에서 비롯된다(一切唯心造)"고 사람들에게 가르쳤다. 기회와 인연이
      모아져 불교가 중화인민공화국에 전해져 이롭게 한다.
   ② (人)교유마주(教由魔主): 말법시대(末法時期)가 되니 마라(魔羅)는 세어지고 도(道)는 약해
      져, 사람들의 삶이 명예와 이익만 으뜸으로 삼고, 도(道)는 조금씩 빛깔이 달라져 명예와
      이익만 쫓아 마라의 손아귀에 들어간다.
   ③ (王)교자유심(教自由心): 정책은 불교의 자유라고 내세우면서도 믿고 안 믿고는 스스로에
      게 달려 있으니 다른 사람에게 불교를 믿도록 강요하지 못하게 했다. 아울러 불교의 칭규
      (清規)와 계율(戒律)도 자유롭게 개방한다.
      [옮긴이 주]: 청나라 세조(世祖, 1644~1662) 때 명나라 때부터 실시하던 시승(試僧, 僧科)제
      도를 없애고, 도첩(度牒, 중이 되었음을 인정하여 국가에서 발급하는 증명서)을 영구히 면
      제해 주면서 아무나 마음대로 출가할 수 있도록 개방한 것을 말한 것으로 보인다. 그 뒤
      폐단이 아주 심했다.
   ④ (三)심마작주(心魔作主): 참된 수행자는 매우 적고, 대부분 명예를 좇고 이익을 좇으며, 살
      아가기 위해 돈벌이만 찾으니, 불교를 망치게 된다.
   ⑤ (王)작주불교(作主佛教): 해방된 뒤(1945) 인민정부(1949)는 불교를 새롭게 고쳐 숫자보다
      는 정예화해야 한다며, 수행하지 않는 사람은 마음내로 세속으로 돌아가도록(還俗) 하고,
      절은 스스로 살아가도록 하였으며, 오로지 수행만 하도록 했다.
   ⑥ (文)작자유마(作自由魔): 1966년 문화대혁명이 일어나면서 불교도 크게 달라진다.
   ⑦ (林)마작불교(魔作佛教): 간신 임표(林彪)가 홍위병(紅衛兵)을 일으켜 중화인민공화국 건설
      을 파괴하면서 불교도 파괴하였다. 불교는 미신(迷信)으로 취급한다.
   ⑧ (土)불유마작(佛由魔作): 흙으로 만든 불상은 거의 다 때려 부수었고, 절은 없어지거나 다
      른 용도로 바뀌었으며, 신상(神像)이나 불상은 모조리 없애 버린다.
   ⑨ (人)불유마교(佛由魔教): 절의 승려들은 집중학습(集中學習)을 통해 오로지 복종하는 방침
      만 가르치고 훈련한다.
   ⑩ (文)심자작마(心自作魔): 문화혁명의 학습과 사회에 끼친 문화 혁명의 영향으로 사람들의
      마음은 모두 마라(魔羅)에 빠져 파벌 투쟁을 일삼자, 승려들도 영향을 받아 이익에 홀리

한바탕 이야기를 나눈 뒤 노스님은 나를 불러 방에 가서 쉬라고 하였다. 아이의 안내를 받아 방에 들어가 보니, 방 안에 침대는 없고 아주 우아한 걸상 몇 개만 놓여 있는데, 걸상 위에는 아주 보들보들하고 질 좋은 비단이 깔려 있었다. 나는 바로 그 가운데 큰 걸상 위에 고요히 앉아 있어 보니, 앉자마자 온몸이 아주 편안해지고 가볍게 날 것 같아 내 엉덩이를 어디다 대고

게 된다.

⑪ (鬼)교자유작(教自由作): 불교는 귀신종교(鬼教)로 바뀌어 소귀신 뱀귀신(牛鬼蛇神)의 대상이 되고, 불교는 완전히 사라지게 된다(一切除光).

[옮긴이 주]: 1966년 6월 1일 인민일보가 발표한 사론(社論) "모든 소귀신과 뱀귀신(牛鬼蛇神)을 쓸어 버리자"에서 "몇천 년 이래 모든 착취 계급이 만들어 내 인민에게 해독을 끼친 옛 사상(舊思想), 옛 문화(舊文化), 옛 풍속(舊風俗), 옛 습관(舊習慣) 같은 '네 가지 옛것(四舊)'을 타파하자"라는 구호를 제출하였는데, 이 '네 가지 옛것을 없애자'라는 구호는 문화혁명의 중요한 목표가 되었다. 도시에서 잡신을 쫓아낸다며, 신도들의 종교 생활을 금지하고 승려들을 강제로 환속(還俗)시켰다.

⑫ (人)교작자주(教作自主): 이 시기 불교는 없어지고, (승려들은) 모두 속가(俗家) 사람들처럼 스스로 살아야 했으며, 국가 정책에 따라 하방(下方)을 맞게 된다.

[옮긴이 주]: 다음 구절에 나오지만, 당시 교사 종교인 학생 같은 모든 지식인은 농촌으로 내려가 농민들의 지도를 받고 농업 생산에 종사해야 했는데, 이것을 '하방(下方)'이라 했다.

⑬ (王)주작불교(主作佛教): 승려들은 농장으로 하방(下方)하거나 원래 자기 집으로 돌아가 살면서 농사일만 해야 했으며, 농민들이 일하는 것을 관리하고 가르쳤다.

⑭ (子)작불자주(作佛自主): 갑자년(甲子年, 1984) 불교는 정식으로 회복되었으며, 불교의 자유가 반포되자 여러 곳에서 불교 모임이 생긴다.

⑮ (王)불교작주(佛教作主): 등소평(鄧小平) 주석(主席)이 불교의 자유를 선포하고, 헌법에 불교 자유 조항을 규정한다.

⑯ (丶)주작불심(主作佛心): 나이 든 승려들이 절로 돌아와 마치 효자처럼 절을 되찾아 바로 세웠다. 정부가 자금을 들여 절을 세우고 불상을 모시고, 또 참으로 불교의 자유를 회복한다.

⑰ (三)교자유불(教自由佛): 처음 회복하기 시작할 때는 유교·도교·불교 세 종교에서 모두 불교 교리를 설하였다. 왜냐하면 경전을 설할 법사들이 부족해서 불교 교리인지 무엇인지 몰랐기 때문이다.

⑱ (人)심자유교(心自由教): 불교가 자유를 회복한 뒤 불교는 명승지와 관광지가 되었고, 모두 불교에 대하여 흥미와 즐거움을 느끼게 되고, 불교는 다시 일어나게 된다.

있는지 모를 정도였다.

머지않아 원관 노스님이 나를 부르는 소리가 들려 바로 내려와 방을 나섰다. 원관 노스님이 나에게 말씀하셨다.

"이제 그대를 데리고 도솔천(兜率天)에 가서 미륵보살[18]과 아울러 그대의 스승인 허운(虛雲) 노화상[19]을 만나 뵈려 합니다."

나는 대답하였다.

"정말 좋습니다. 수고가 많으십니다. 감사합니다."

대웅보전을 떠날 때 나는 그 두 분 노화상께 작별 인사를 해야겠다고 생각했는데, 원관 노스님이 바로 단호하게 말했다.

---

18) 미륵(彌勒, Maitreya)보살: 성은 미륵으로 자씨(慈氏)라는 뜻이고, 이름은 아일다(Ajita, 阿逸多)로, 무승(無勝)·막승(莫勝)이란 뜻이다. 따라서 미륵보살, 자씨보살(본디 소리는 마이뜨레야), 아일다보살(본디 이름은 아지따)은 모두 같은 보살이다. 인도 바라내국의 바라문 집에서 태어나 석존의 교화를 받고, 미래 성불할 것이라는 수기를 받아 석존보다 먼저 입멸하여 도솔천에 올라가 하늘에서 하늘사람들을 교화하고 있는데, 석존 열반 뒤 56억 7천만 년을 지나면 다시 싸하세계에 나투신다고 한다. 그때 화림원(華林園) 용화수(龍華樹) 아래서 성도하여 3번 설법으로 석존의 교화에서 빠진 모든 중생을 제도한다고 한다.

19) 허운(虛雲) TÁ(1840~1959): 중화인민공화국 근대 3대 고승(高僧)으로 불리는 관정 스님의 스승이다. 19세에 복건성(福建省) 고산(鼓山) 용천사(湧泉寺)에서 출가하여 다음 해 묘련 화상(妙蓮和尙)으로부터 구족계를 받았다. 56세까지 37년간은 자신을 위한 구도의 세월이었다. 참선은 물론 염불, 천태, 화엄을 두루 익히고, 걸어서 전국의 사찰은 물론 티베트, 부탄, 스리랑카, 미얀마 같은 성지를 떠돌며 힘든 구도의 길을 걸었다. 56세 때 양주(楊州) 고민사(高旻寺)에서 찻잔이 깨지는 소리를 듣고 환하게 깨달았다. 그 뒤 120세까지 무려 65년간을 중생제도에 몸을 바쳤는데, 5대 선종(禪宗)의 맥을 살려 전수하고, 각종 경전을 강론하고, 운남성(雲南省) 계족산(鷄足山)·운서사(雲棲寺), 광동(廣東) 남화사(南華寺)·운문사(雲門寺), 강서성(江西省) 운거산(雲居山) 진여사(眞如寺) 같은 주요 사찰을 중건하였으며, 국내외에서 귀의한 제자가 110만 명이나 되었다고 한다.

"그럴 필요 없습니다. 시간이 별로 없습니다."

이번에 우리가 가려는 목적지는 도솔천(兜率天)이다.

2장

도솔천에서
허운(虛雲) 노화상을 만나다

(도솔천으로) 가면서 아주 크고 거룩하여 볼 만한 금빛 법당과 보탑 같은 것이 눈에 많이 띄었는데, 모두가 빛을 내고 있어 눈을 뗄 수가 없었다. 그러나 원관 노스님은 자주 나를 재촉하며 시간이 많지 않으니 빨리 가자고 했다. (나중에야 비로소 알았지만, 하늘나라 시간과 우리 인간의 시간은 달라 너무 오래 머물러서는 안 되는 것이, 잘못하면 인간 세상으로 다시 돌아올 때 이미 몇백 년이나 몇천 년이 지나 버릴 수도 있기 때문이다.)

우리가 가고 있는 길은 모두 흰 돌을 다듬어 만들었는데 돌에서 은은한 빛이 나고, 산 위의 기이한 꽃과 풀에서 나는 맑은 향기가 바람 따라 코에 스쳐 사람의 마음을 시원하게 하고, 기분을 산뜻하게 했다.

몇 굽이를 돌고 몇 리쯤 갔을 때, 눈앞에 큰 다리가 하나 나타났다. 그런데 이상하게 이 다리는 커다란 중간 부분만 하늘에 떠 있고, 다리 끝부분이 없어 도무지 발을 딛고 올라갈 수가 없었다. 게다가 밑을 내려다보니 아래는 한없이 깊은 못이었다.

"이 다리를 어떻게 건너가지?"라고 혼잣말로 중얼거렸다.

내가 이렇게 생각하며 머뭇거리고 있을 때, 원관 노스님이 이렇게 물었다.

"그대가 평소에 어떤 경을 읽고 어떤 다라니(眞言)[20]를 외는가?"

나는 "평소 묘법연화경(妙法蓮華經)[21]을 읽고 능엄주(楞嚴呪)[22]를 외웁니다."라고 대답했다.

그러자 원관 노스님께서, "좋소. 그러면 그 다라니를 외워 보시오!"라고 하여, 나는 곧 입속에서 중얼중얼 능엄주를 외기 시작했다. 능엄주는 모두 3,000자 남짓 되는데, 내가 20~30자만 외자, 눈앞의 모습이 갑자기 확 바뀌었다. 문득 보니 큰 다리의 앞뒤 끝이 갑자기 육지 두 편짝으로 이어졌는데, 황금빛을 띠고 있어 금빛이 번쩍거리고 7가지 보석으로 짜여 있어, 마치 7색깔 찬란한 무지개 한 줄기가 하늘에 걸려 있는 것처럼 장엄하고 화려하기 그지없었다. 다리 양쪽 가 난간에는 모두 반짝이는 구슬 등(燈)이 걸려 있어 갖가지 색깔의 빛을 내고 있었다. 다리 어귀에는 5개의 큰 글자가 걸려 있었는데, 대전(大殿) 위에 있던 글자와 같았기 때문에 나는 바로 '이 글자는 틀림없이 중천나한교(中天羅漢橋)일 것'이라고 짐작했다.

---

20) 다라니(dhāraṇī): 총지(摠持), 능지(能持), 능차(能遮)라고 옮긴다. 헤아릴 수 없이 많은 이치를 받아 지녀 잃어버리지 않는 슬기의 힘을 일컫는다. 보살은 중생을 교화하기 위해 반드시 다라니를 얻어야 한다고 한다. 흔히 주(呪), 주문(呪文), 진언(眞言)이라고 한다.
21) 묘법연화경(妙法蓮華經): 대승불교 경전 가운데 하나. 붇다가 세상에 나온 본뜻을 말한 것으로 7권 또는 8권 28품으로 되어 있다. 흔히 법화경(法華經)이라고 한다.
22) 능엄주(楞嚴呪): 능엄경(楞嚴經)에 나오는 427마디의 다라니(呪文, 眞言). 불정주(佛頂呪)라고도 하고, 자세히는 대불정만행수능엄다라니(大佛頂萬行首楞嚴陀羅尼)라 한다.

다리를 지나며 우리는 다리 위에 있는 정자에서 한 번 쉬었는데, 그때 원관 노스님에게 물었다.

"왜 바로 전에 보이지 않던 다리 어귀와 다리 양쪽 끝이 다라니를 외자 비로소 볼 수 있게 되었습니까?"

노스님께서 이렇게 대답하였다.

"다라니를 외기 전에는 그대의 본성(본디 모습)이 스스로의 업장(業障)으로 겹겹이 에워싸여 눈길을 가로막았기 때문에 거룩한 경계(聖境)을 볼 수 없었으나, 다라니를 왼 뒤에는 업장이 다라니의 힘을 받아 연기처럼 사라지고 구름이 흩어지듯 한꺼번에 없어지기 때문이오. 그렇게 되면 장애가 사라지고 자성(自性)이 맑고 깨끗해져 본디 있던 모든 경계가 드러나고, 미혹(迷惑)에서 깨어나 모든 것을 볼 수 있게 되니, 이른바 '만 리에 구름 없으면 만 리가 하늘이다(萬里無雲 萬里

天)'[23]는 것이 바로 이런 도리를 말하는 것이요."

쉬고 나서 우리는 다시 길을 떠났다. 나는 다라니를 외면서 걷는데, 갑자기 발아래 연꽃이 나타났다. 꽃잎 하나하나가 푸른빛을 내는 수정 같았고, 이파리도 갖가지 빛을 띠고 있었다. 연꽃을 밟고 오르자, 공중으로 날아올라 마치 구름과 안개를 타고 하늘을 나는 것처럼 곧바로 앞으로 달려 나갔다. 귓가에 스치는 바

---

23) 송나라 종경(宗鏡), 『소석금강과의회요주해(銷釋金剛科儀會要註解)』(3)에서 금강경의 '모든 상(相)은 상(相)이 아니라는 것을 보면, 바로 여래를 보는 것이다(若見諸相非相即見如來)'라는 구절에 대해 풀이하면서 '보신·화신 참되지 않고 헛된 인연이요(報化非真了妄緣) 법신의 맑고 깨끗함 넓어 가없듯(法身清淨廣無邊) 천 개 강에 물 있어 천 개 달이 뜨고(千江有水千江月) 만 리에 구름 없으니 만 리가 하늘이로다(萬里無雲萬里天)'라고 했다. '비록 보신이니 화신이니 나누지만 본디 하나의 법신인데, 사람들 그릇(根機)이 달라 헛된 인연에 대한 분별 때문에 생긴 것이다. 그래서 반드시 헛된 인연 때문에 생기는 것이요, 원래는 맑고 깨끗한 하나의 법신인 것이니 어디 분별하는 설이 있겠는가?', '천 개 강에 물 있어 천 개 달이 뜨고(千江有水千江月)'라는 것은 '그릇(根機)은 1,000개의 강에 비유한 것이고 달은 법신에 비유한 것이니, 강이 있으면 이 달이 모두 비친다는 것'을 이 한 구절에 드러내 보인 것으로, 실제로는 하늘의 참된 달이 아니다. 그러므로 보신과 화신은 참된 것이 아니고 헛된 인연이라고 한 것이다. '만 리에 구름 없다(萬里無3)|는 것은 두 번째 구절인 '법신의 맑고 깨끗함은 넓어 가없다(法身清淨廣無邊)'라는 것을 나타내는 것이다.

람 소리만 쌩쌩 날 뿐, 몸은 오히려 큰 바람이란 느낌이 없었고, 속도는 비행기를 타는 것보다 더 빨랐다. 주위의 온갖 것들이 끊임없이 뒤쪽으로 물러나며 우리 몸 곁을 스쳐 지나갔다.

얼마 뒤, 내 몸에서 조금씩 열이 나는 것을 느낄 수 있었다. 이때 눈앞에 크고 훌륭하고 장엄하고 화려한 대문이 나타났다. 대문 돌기둥에 새겨진 용과 봉황은 번쩍번쩍 빛을 내고 있었고, 지붕은 고궁 양식이지만 모두 은처럼 흰 빛깔이라 마치 커다란 백은성(白銀城)처럼 아주 웅장하고 위엄이 있었다.

이 백은성에 이르러 문득 성문 위를 보니 5가지 글자로 쓰인 현판(懸板)이 걸려 있는데, 맨 처음은 '남천문(南天門, 바로 사대천왕[24]이 있는 곳)'이란 한자(漢字) 3자가 쓰여 있었다.

'남천문' 안에는 수많은 하늘사람들이 서 있었는데, 문인(文人) 옷을 입은 사람은 청나라 때 관복과 좀 비슷하였고, 옷과 몸차림의 꾸밈새는 대단히 아름다웠으며, 옷은 모두 빛을 내고 있었다. 무인(武人) 옷을 입은 사람은 마치 연극 무대에서 옛날 사극을 연기하는 장수처럼 갑옷을 입었는데, 번쩍번쩍 빛이 나 아주 위엄이 있고 당당했다. 그들은 모두 성문 어귀 양편짝에

---

24) 사대천왕(四大天王): 흔히 사천왕(四天王)이라고 하는데, 욕계(欲界) 여섯 하늘 가운데 첫째 하늘로, 수미산(須彌山) 중턱에 자리하고 있다. 4대 천왕은 동녘의 지국천왕(持國天王), 남녘의 증장천왕(增長天王), 서녘의 광목천왕(廣目天王), 북녘의 다문천왕(多聞天王)인데, 모두 도리천(忉利天) 왕 제석천(帝釋天)의 명을 받아 4천하(天下)를 돌아다니며 사람들의 움직임을 살펴 보고하는 신이다.

나란히 줄지어 서서 두 손을 합장하고 우리에게 눈인사를 보내며 성에 들어오는 것을 기꺼이 맞이하였지만, 우리에게 말을 걸어오는 사람은 없었다.

성안으로 열 발자국쯤 들어가니, 큰 거울이 하나 보였다. 이 거울은 스스로의 본바탕 넋(元神)을 비춰 보고, 옳고 그름을 가려내는 것이다. 성안으로 들어서 가는 도중, 무지개 같고, 공 같고, 꽃 같고, 번갯불 같은 갖가지 신기한 것들이 수없이 나타나는 듯이 우리 곁을 스쳐 지나갔다. 구름과 안개층 속에는 어렴풋이 수없이 많은 정자, 다락집, 뾰족탑들이 보이는데, 멀고 가까움은 한결같지 않았다. 원관 노스님이 이렇게 소개하였다.

"이곳은 사왕천(四王天)보다 한 층 더 위인 도리천(忉利天, 욕계 하늘 가운데 두 번째)이라 부르는데, 바로 옥황상제(玉皇上帝)가 머물며, 4방 32개 하늘나라를 다스립니다."

우리는 볼 시간이 없어 곧바로 하늘을 몇 층인가 솟구쳐 올라갔는데, 원관 노스님께서 "이제 벌써 도솔천(兜率天)에 다다랐다."라고 하셨다. 눈 깜짝할 사이에 바로 전각(殿閣) 한 채가 있는 산문(山門) 앞에 이르렀는데, 20명쯤 되는 사람들만 앞으로 나와 우리를 맞이하였다. 그 가운데 한 사람은 다른 사람이 아니라 바로 나를 이끌어 주신 스승 허운(虛雲) 노화상[25](근대 중화

인민공화국 3대 고승 가운데 한 분)이었다.

그 가운데 내가 아는 분이 두 분 더 있었는데, 한 분은 묘련 (妙蓮) 화상[26]이시고, 또 한 분은 복영(福榮) 대사[27]였다(이 두 분

---

25) 허운(虛雲) 화상은 92세였던 1931년 부모가 없어 출가를 못 하는 7살짜리 어린 관정 스님을 제자로 맞이하여 출가시켰으며, 100세였던 1939년 계족산(鷄足山) 관음선사(觀音禪寺)에서 구족계를 주어 본격적인 수행을 할 수 있게 하였다. 허운 화상은 입적하기 2년 전인 1957년 (118세) 관정 스님에게 동운종(洞雲宗, 曹洞宗을 말한다) 정법안장(正法眼藏)을 전해 관정 스님을 동운종의 48대 전법자(傳法者)로 만들었다. 따라서 허운 노화상은 관정 스님에게 스승이면서 동시에 부모 같은 존재라고 할 수 있다. (자세한 내용은 관정 스님 일대기『극락과 정토선』참조.)

26) 묘련(妙蓮): 18세에 남평(南平) 개평사(開平寺)에서 출가하여 복주(福州) 고산(鼓山) 용천사(湧泉寺)에서 수행하였고, 1854년 고산(鼓山) 126대 방장이 되었다. 그 뒤 싱가포르, 말레이시아 같은 나라에 불법을 전하다가 1904년 용천사로 다시 돌아왔으며, 1907년 용천사에서 원적하였다. (『開平禪寺』,「歷代高僧簡介」). 허운(虛雲) 화상이 20세 때인 1859년 복건성(福建省) 고산(鼓山) 용천사(涌泉寺)에서 구족계를 받은 스승이다.

27) 복영(福榮): 개평사(開平寺)에서 출가하였다. 1921년 인도에 가서 14년간 수행하고 돌아오면서 빨뜨라(pāttra, 貝多羅) 잎에 새긴 패엽경(貝葉經)을 비롯한 여러 권의 경전과 영어로 된 경

은 모두 이미 열반하신 분들이었다). 그들은 모두 붉은 비단으로 지은 가사를 입고 있었는데, 빛나고 아름답기 그지없었다.

스승이신 허운 노화상을 뵙자마자 나는 바로 무릎을 꿇고 엎드려 절을 했는데, 그때 너무 감격한 나머지 하마터면 울음을 터트릴 뻔했다. 스승께서 나에게 물었다.

"괜찮으냐? 기뻐하고 슬퍼할 것이 뭐가 있느냐? 오늘 너를 데리고 오신 저분이 누구신지 알고 있느냐?"

내가 대답하였다.

전을 가져왔으며, 구슬쟁반(眞珠盤), 단지(壺)와 높이 1m 되는 관세음보살상도 가져왔다. 개평사에서 원적(『開平禪寺』, 「歷代高僧簡介」).

"원관 노스님이란 분입니다."

이때 스승께서 나에게 깜짝 놀랄 만한 일을 밝히셨다.
"이분이 바로 너희들이 날마다 염불하던, 중생들을 가없이 사랑하고 불쌍히 여겨(大慈大悲) 괴로움과 어려움 속에서 건져 주시는(求苦求難) 관세음보살이시다."

나는 그 말을 듣고 깜짝 놀라 관세음보살이신 원관 노스님을 향해 무릎을 꿇고 머리를 숙여 절을 올렸다. 참으로 '눈이 있어도 태산을 알아보지 못한 것'이 아닌가! 관세음보살 앞에서 잠깐 무슨 말을 해야 할지 몰랐다.

'도솔천'에 사는 하늘사람(天人)들은 우리 싸하세계 사람들의 키가 5~6자(약 150~180㎝)밖에 되지 않는 것과 달리 세 길(三丈=30자=약 9m)쯤 된다. 그런데 원관 노스님(관세음보살의 화신)께서 나를 데리고 이곳에 오면서 나의 몸도 저절로 바뀌어 그들과 엇비슷하게 세 길(三丈) 남짓 크기로 바뀌었다.

그때 또 스승께서 거듭거듭 당부하시길, 업장이란 시련을 거쳐야지만, 비로소 없어지는 것이니 싸하세계에서 부지런히 닦아야 한다고 하셨으며, 아울러 절을 짓거나 고치는 것 같은 일도 해야 한다고 당부하셨다.

여기서 나는 많은 사람을 보았는데, 사내, 계집, 늙은이, 젊은이가 모두 있었으며, 그들의 옷차림은 명나라 때 옷과 비슷했다.

3장

미륵보살(彌勒菩薩)의 설법

그 뒤 바로 우리는 함께 '도솔천' 내원(內院)으로 들어가 미륵보살(彌勒菩薩)께 가서 뵙고 절을 올렸다. 미륵대전(彌勒大殿)에 들어갔을 때 보니 대전 안은 굉장히 우람하고 화려하여 정말 글로써는 어떻게 나타낼 수가 없을 정도였다. 곳곳에 금빛이 번쩍이고, 대전 문 앞에는 다섯 가지 글로 쓴 세 글자가 금빛으로 빛나고 있었는데, 한어(漢語)로 쓴 것은 '도솔천(兜率天)'이라고 되어 있다. 바로 여기서 나는 미륵보살님을 내 눈으로 직접 뵐 수가 있었다.

미륵보살의 모습은  우리가 싸하세계에서 받들어 모시는 '배가 크고 웃는 불상'[28]처럼 배가 터질 듯이 통통하게 튀어나오고, 얼굴은 헤죽이 웃는 모습이 전혀 아니었다. 진짜 미륵보살을 그대로 말하면 점잖고 위엄이 있으며, 32가지 상(相)과 80가지 호(好)[29]를 모두 갖추시어 겉모습이 아주 뛰어나셨다.

대전 양편에는 아주 많은 보살이 서거나 앉아 있는데, 몸에 걸친 갖가지 가사(道衣)에는 빛을 내는 붉은 색깔이 많았고, 모두 다 연꽃자리(蓮花座)를 하나씩 차지하고 있었다. 나는 앞으로 나아가 미륵보살께 절을 올리고 법을 설해 주시길 청하였다. 미륵보살께서는 나를 위해 몇 마디 법어(法語)를 말씀해 주셨다.

"나는 앞으로 (60억만 년 뒤) 싸하세계로 내려가서 용화수(龍華樹) 아래서 깨달아 3번 설법으로 중생들을 교화할 것이다. 그때

---

28) 중화인민공화국에서는 흔히 배가 불룩 튀어나오고 호탕하게 웃는 모습의 포대화상(布袋和尙)을 미륵보살의 화신이라고 받들어 모신다.

29) 붇다의 화신은 32가지 거룩하고 덕스러운 상(三十二相)과 80가지 호(八十種好)가 있다고 한다. 이것을 흔히 상호(相好)라고 하는데, 미륵보살님은 이런 붇다 화신의 특징적 모습을 모두 갖추었다는 뜻이다.

지구 위에는 높은 산이 없어지고, 땅은 손바닥같이 고르고 판판해지며, 싸하세계는 인간정토(人間淨土)로 바뀔 것이다. (그때까지) 너희들은 종교와 종교 사이에 서로 사랑하고 보호하며, 서로 북돋우고 힘써 닦아야지 서로 헐뜯어서는 안 된다. 불교 안에서도 여러 종파끼리 서로 헐뜯어서는 안 되고 반드시 어긋난 것은 바로잡고 바른 것은 도와야 한다." (보살님께서 내리신 법어가 더 있는데, 내 기억이 확실하지 않다).

나는 절을 올리며 감사를 드렸다.

그 뒤 스승이신 허운 노화상께서 나를 데리고 큰 다락집으로 갔다.

집 앞에는 명나라 옷 같은 차림을 한 무장(武將)이 있었는데,

위태(韋駄)[30]는 아니었다. 그 무장이 나를 안내해 집 안으로 들어가자 바로 선녀들이 꽃에서 따낸 꿀로 만든 떡을 내어 와 우리를 대접했다. 한 조각 먹어 보았더니 달콤한 맛이 비할 바가 없고 개운했으며, 아주 배가 부르면서 아울러 생각하고 판단하는 힘이 배로 늘어나는 느낌이 들었다.

그때 복영(福榮) 대사께서 나에게 말씀해 주셨다.

"하늘나라에서는 모두 꽃에서 딴 꿀로 만든 시럽을 먹을거리로 삼는데, 내원(內院) 앞에 사는 하늘나라 선녀들이 공양으로

---

30) 위태(韋駄): 불법을 지키는 신장으로 위타천장(韋陀天將) 또는 위태천장(韋駄天將)이라고 한다. 4천왕 가운데 남녘 증장천왕이 거느린 8장수 가운데 하나이며, 32하늘(32天)의 우두머리다. 당나라 때 도선율사(道宣律師)가 이 신장을 만난 뒤부터 절에 모시기 시작하였다.

보내온 것이다. 갖가지 꽃에서 나온 꿀로 만든 시럽은 맛이 아주 좋고, 인간 세상 사람들이 이 꽃의 꿀 시럽을 먹으면 병을 물리치고 수명을 늘릴 수 있어 늙은 사람이 아이로 되돌아갈 수 있다. 너도 좀 더 들어 보아라. 좋은 데가 있을 것이다."

그날 이후 내 몸은 정말 예전에 비해 젊어졌으며, 오늘에 이르기까지 약을 먹어 본 적이 없다. 이어서 복영 대사께서 나에게 또 말씀해 주셨다.

"하늘나라 사람들은 편안히 놀기만 좋아하고 수행하려고 하지 않아, 마치 인간 세상에서 재산이 넉넉하고 지위가 높은 집안처럼 출가하려 하지 않고 오로지 가만히 앉아서 눈앞의 즐거움만 누리려고 해서 3계(三界)[31]를 벗어나지 못하고 육도(六道)[32]를 윤회하며, 나고 죽는 것을 벗어날 수 없다는 것을 전혀 모르고 있다. 우리들은 여기서(내원) 미륵보살님의 설법을 듣고, 장래에 다시 싸하세계에 내려가 중생을 제도한 뒤, 비로소 참된 보살도에 들어가고 나서 죽는 것을 벗어나게 된다."

---

31) 삼계(三界): 중생들이 나고 죽는 것을 되풀이하는 3가지 세계. 곧, 욕계(欲界), 색계(色界), 무색계(無色界).
32) 육도(六道): 중생들이 지은 업에 따라 윤회하는 6가지 세계. 곧 지옥, 아귀, 축생, 아수라, 인간, 천상.

이때, 스승이신 허운 노화상께서 나에게 일러 주셨다.

"말법 시기 가장 뒤떨어지고 나쁜 환경 속에서도 꾸준히 중생을 제도해야 한다. 순조로운 환경에서 즐거움을 누리려 하지 말고, 어려운 환경에서 도망치려 하지 말고, 나쁜 사람도 반드시 깨우쳐 좋은 쪽으로 돌아서게 해야지만 좋은 사람들이 비로소 나은 생활을 할 수 있게 된다. 맑고 깨끗한 수행을 해야지만 뒤떨어지고 나쁜 환경 속에서도 붇다의 불법(慧命)을 이어 가는 정법(正法)[33]을 굳게 지닐 수 있으며, 비로소 참된 보살도를 행

___

33) 여기서 정법은 '바른 법'이라고 새길 수도 있지만, 정법안장(正法眼藏)을 말할 수도 있다. 붇다가 가섭에게 마음에서 마음으로 불법을 전하는 정법안장을 맡긴 뒤 28대 달마대사가 지나(支那)로 와서 지나 선종의 첫 조사가 된다. 그 뒤 6조 혜능까지는 계속 한 사람에게만 전하던 정법안장이 6갈래 문중으로 퍼지게 된다. 송나라 이후 기울어 가는 이 정법안장을 허운 화상이 모두 되살려 제자들에게 전했는데, 관정 스님에게는 동운종(洞雲宗, 조동종을 허운 화상이 다시 붙인 이름)의 정법안장을 전했었다.

하는 것이다.

　너에게 당부할 것은 인간세계에 돌아간 뒤 너와 같은 길을 가는, 특히 함께 닦고 있는 형제들에게 '계(戒)'를 스승으로 삼고, 옛 수행법을 따르고 새로 고치지 말고, 승가(僧伽)의 규범을 적당히 꾸며 고치지 말라'고 전해 주기를 바란다. 오늘날 능엄주(楞嚴呪)를 가짜라는 사람이 있고, 승복(僧服)을 죄다 고치자는 사람이 있고, 인과(因果)를 믿지 않고 달걀을 야채 요리라고 하는 사람이 있다. 힘들게 닦아 중생들을 감동시키려 하지 않고, 오히려 삿된 법으로 중생을 꾀어 속이며, 붇다의 가르침을 그릇되게 설명하면서 허풍을 떨고, 속여서 공양이나 뺏고 있다. 이런 무리들은 모두 마라(魔羅)가 인간 세상에 나타나 붇다 지혜의 바탕을 갉아내 버리고, 마라가 머리를 들고 마음대로 사람

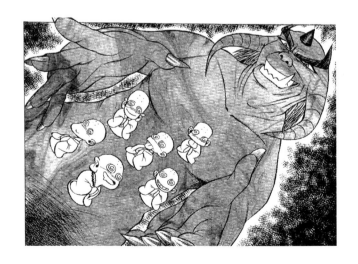

을 해치도록 하는 짓이다. 그러므로 너는 반드시 나의 뜻을 힘껏 받들어야만 비로소 나의 제자라 할 수 있다.

너는 앞으로 세계 여러 나라에서 법을 설하고, (중생들을) 교화하게 될 것이다. 다만 중화인민공화국에서는 뒤떨어지고 나쁜 환경이라 하더라도 반드시 내가 살았을 때 새로 세운 절들은 다시 일으켜 보살펴야 한다. 그래서 처음 너에게 법을 전수할 때 부흥(復興)이란 이름을 붙인 것이다.[34] 이제 이런 뜻을 알겠느냐?"

잠깐 멈추었다가 스승이신 허운 노화상께서 갑자기 큰소리로 한 글자 한 글자 (다음 같은) 글귀(頌)[35]를 읊어 나갔는데, 내가 들은 것은 이렇다.

청송상설유견독 (青松霜雪愈堅禿)

해천일색변삼천 (海天一色遍三千)

---

34) 관정 스님이 1939년 15세 때 허운 화상으로부터 처음 계를 받을 때 법명은 관정(寬淨)이었는데, 이때는 임제종의 항렬자인 관(寬)자를 따서 관정이란 법명을 받는다. 그리고 1957년 33세에 정법안장을 받으면서 부흥(復興)이란 법호를 받는데, 그것은 그 정법안장이 동운종(洞雲宗)의 법맥이고, 동운종의 항렬자가 부(復)이고, 당시 1957년은 허운 화상이 입적하기 2년 전이고, 중화인민공화국이 사회주의를 완성하기 위해 우익을 몰아내던 때라 불교도 몹시 어려운 시기였기 때문에 불교의 앞날을 내다보고 부흥(復興)이란 법호(法號)를 다시 내렸다.

35) 글귀(頌, gāthā): 산스크리트를 음으로는 가타(加陀)·게타(揭陀) 따위로 옮겼고, 뜻으로는 송(頌)·게송(偈頌)·풍송(諷誦) 따위로 옮겼다. 경전에서 붇다를 기리는 운문체의 시구(詩句)를 말하는 것으로, 8자(字)짜리 4토막(4句)이 한마디(一節)를 이룬다.

푸른 솔에 서리와 눈 내리니 더더욱 굳세 지고,

하늘과 바다 한 빛 되니 삼천세계 두루 퍼지누나.

잠깐 쉬고 난 뒤, 관세음보살은 나를 데리고 법당 밖으로 나와 내원(內院) 앞으로 가서 하늘나라 모습을 보여 주었다. 한줄기 빛나고 환한 빛과 신선세계의 신기한 짐승과 새들이 날아다니며 노래하는 것만 보아도 우아하고 아름다워 듣기 좋았고, 맑고 깨끗한 하늘 음악과 멀고 가까운 곳에서 아름답게 울리는 악기 소리가 뛰어나고 자연스러웠다.

선녀와 선동(仙童)들이 갖가지 아름다운 옷을 입고 한 줄 한 줄 열을 지어 한가롭고 자유롭게 노닐고, 곳곳에 하늘 꽃(仙花)이 활짝 피어 눈부시게 아름다웠다. 멀고 가까이 있는 정자나 다락집, 갖가지 보탑(寶塔)들은 모두 빛을 내고 있어 참으로 하늘나라의 모습은 인간 세상과 도저히 견줄 수가 없었다.

나는 한편으로는 구경하고 한편으로는 감탄의 소리가 끊이지 않았는데, 관세음보살이 곤륜산(崑崙山)보다도 더 크고 높으며, 100가지 빛을 내뻗치는 보탑을 가리키며 말씀하셨다.

"저곳은 태상노군(太上老君: 노자(老子))이 머무는 곳인데, 연단대탑(煉丹大塔)이라고 부른다."

눈을 가늘게 뜨고 멀리 바라다보니 문득 더할 나위 없이 웅장한 '연단대탑'이 보였는데, 구름 때문에 보였다, 안 보였다 하며 가려진 부분도 있어 몇 층인지도 알 수 없고, 다만 큰 산 앞에 서 있는 것만 같았다. 우리는 겉모습만 한 번 보고 탑 안으로 들어가지는 않았다. 관세음보살이 또 말씀하셨다.

"이 탑은 바로 높은 신선들이 사는 곳인데, 사방에 영원수(靈元樹: 도가(道家) 수련의 원형(原形))와 사철 열리는 꽃과 열매가 아주 많다."

듣건대, 선법(仙法)을 닦는 사람들이 잘 닦으면 하늘나라에 있는 영원수 꽃이 잘 피어 아름답고, 그렇지 않으면 생기가 없어지고 말라 죽어 버리기까지 한다고 한다.

이때 관세음보살이 나를 재촉하며 말씀하셨다.
"시간이 많지 않다. 이제 너를 데리고 서녘 극락세계로 가려고 하는데, 지금 이곳보다 더욱 뛰어난 곳이고 싸하세계와는 비교할 수도 없는 곳이다."

4장

극락세계 가서
아미따불을 몸소뵙다

도솔천을 나와 또 능엄주를 외우자, 발밑에 연꽃자리(蓮華座)가 나타나 하늘 높이 떠올라 갔다. 가는 길에 귓가에서는 윙윙하는 소리가 들렸지만 바람이 분다는 느낌은 들지 않았으며, 빠르기가 정말 뭐라고 표현할 수가 없었다. 눈앞에 보이는 모든 우아하고 아름다운 하늘나라 모습이 우리 몸을 스치고 지나가는데, 너무 빨라서 뒤쪽으로 젖혀지는 것 같았다.

어림잡아 15분쯤 지나 연꽃자리 아래를 내려다보니 금모래로 깐 땅에 큰 나무들이 한 줄 한 줄 늘어섰는데, 높이가 수십 길(丈)씩 되고, 가지는 황금이고 잎사귀는 옥이고(金枝玉葉), 잎은 세모꼴, 다섯모꼴, 일곱모꼴로 모두 빛이 나고, 꽃이 피어 있었다. 갖가지 아름답고 고운 새들은 몸에서 빛이 나고, 머리가 2개나 여러 개인 것도 있는데, 거침없이 마음대로 날아다니며 아미따불

의 거룩한 이름을 노래하고 있었다. 둘레에는 모두 7가지 빛깔로 된 난간으로 둘러싸여 있었는데[36], 관세음보살께서 말씀하셨다.

"불경에서 말하는 일곱 겹 그물과 일곱 겹 나무숲이 바로 이런 경계다."귓가에는 수많은 이야기 소리가 들려왔으나 어느 나라 말인지 전혀

알아들을 수가 없었는데, 관세음보살께서 "아미따불이란 말은 알아들을 수 있을 것이다"라고 하셨다. 길을 가면서 또 높은 탑을 수없이 보았는데, 모두 7가지 보배(七寶)[37]로 이루어졌고, 은은한 빛을 띠고 있었다. 이렇게 줄곧 가니 머지않아 커다란 황금산 앞쪽에 다다랐는데, 이 커다란 황금산은 중화인민공화국의 아미산(蛾眉山)[38]과 비교해 그 높이와 크기가 몇만 배나 될지 모를 정도였다. 물어볼 것 없이 이때 나는 이미 '서녘 극락세계'

---

36) 무량수경(無量壽經)과 아미따경(阿彌陀經)에 자세하게 나와 있다.
37) 칠보(七寶): 『아미따경』에는 금·은·유리·수정(頗梨)·옥돌(車渠)·붉은 구슬·마노를 7가지 보배라고 했다.
38) 아미산(蛾眉山): 사천성(四川省) 수도 청두(成都)에서 남서쪽으로 160㎞ 떨어진 곳에 있는 산으로 가장 높은 만불정(萬佛頂)이 3,099m이다. 보타산(普陀山) 구화산(九華山) 오대산(五臺山)과 함께 중화인민공화국 4대 불교 명산으로 예부터 선경(仙境)이라고 일컬어지는 서남쪽 최고의 성산이다.

의 한가운데에 다다른 것이다. 관세음보살께서 손으로 가리키며 말씀하셨다.

"다 왔다. 아미따불께서 바로 네 앞에 계시는데 보이느냐?"

나는 이상해서 여쭈었다.
"어디 계십니까? 제게 보이는 것은 눈앞을 가로막고 있는 커다란 바위벽(石壁)뿐입니다.

어찌 상상이나 했겠는가! 관세음보살의 대답은 전혀 뜻밖의 일로 다가왔다. 관세음보살께서 대답하셨다.

"이제 니는 아미따불 발가락 끝에 서 있느니라."

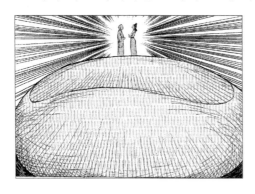

나는 말씀드렸다.
"아미따불 몸이 이렇게 크고 높으신데 제가 어떻게 볼 수 있겠습니까?"
사실 이러한 정경은 마치 개미 한 마리가 미국에 있는 백몇 층의 높은 빌딩 아래서 아무리 머리를 들어본들 그 하늘을 찌를 듯한 높은 빌딩의 전체 모습을 볼 수 없는 것과 같은 것이었다.

관세음보살께서는 나에게 빨리 무릎을 꿇고 아미따불께서 자비를 베풀어 서녘 극락세계로 갈 수 있도록 인도해 달라고 말씀드리라고 하셨다.

나는 얼른 무릎을 꿇고 아미따불께 자비를 베풀어 주실 것을 빌고 또 빌었다. (그러자) 눈 깜짝할 사이에 내 몸이 갑자기 높고 커지며 곧바로  붙다 배꼽 높이까지 이르렀고, 그 높이에서 나는 아미따불께서 분명하고 확실하게 내 앞에 서 계시는 것을 볼 수 있었다. 아미따불께서는 몇 층인지 헤아릴 수 없는 연꽃자리(蓮花座) 위에 계셨다. 꽃잎 위에는 층마다 귀한 보배로 장식한 빼어난 탑이 있어 수천만 가지 색깔의 빛을 내고 붙다는 그 빛 속에 계셨는데, 황금색 빛 한가운데 단정하게 앉아 계셨다. 아울러 또 눈부시게 화려한 대전(大殿)이 한 채 보이고, 다시 눈길을 멀리 두고 바라보니 서녘 극락세계의 모든 모습이 다 한눈에 들어왔다.

이때 원관 노스님께서 관세음보살의 본디 모습으로 바뀌셨는데, 온몸 속까지 비치어 환한 금빛이고 옷에서는 수백 가지 빛이 나며, 남자인지 여자인지 가늠할 수가 없었다. 이때 관세음보살의 몸은 나보다 훨씬 크고 높았는데, 어림잡아 아미따불의 어깨높이쯤 됐다.

내가 어디 서 있는지, 이런 뛰어난 경계를 보면서 넋이 나가 잠깐 한마디 말도 할 수가 없었다. 지금 그때 눈앞에 보인 뛰어난 경계를 하나하나 이야기하자면 아마 7일 밤낮은 걸릴 것이다. 장엄하고 비할 데 없는 아미따불의 모습만 이야기해도 한나

절로는 모자랄 것이다. 보기를 들면, 아미따불의 모습 가운데 눈은 마치 넓은 바다 같은데 이야기해도 믿는 사람이 없을 것이다. 그렇지만 실제 붇다의 눈은 인간 세상의 큰 바다처럼 크다.

불경에서 말씀하신 것에 따르면, 서녘 극락세계 땅은 10만 억 붇다 나라를 지나서 있다고 할 만큼 아득히 멀다. 만일 시간으로 셈하여 인간 세상 1분마다 1광년(光年)[39]을 간다고 해도 150억 광년이라는 시간이 걸려야지 다다를 수 있는 것으로, 바꾸어 말해 사람의 목숨을 가지고 본다면 그것은 도무지 가능성이 없는 일이다. 다만 서녘 극락세계를 가고자 발원(發願)만 세우면 찰나에도 문득 다다를 수 있다. 만일 물질을 가지고 설명한다면 사람의 몸으로 하는 행동에 따라 서녘 극락세계를 가기 위해 온 지구를 가로로 세로로 나서부터 죽을 때까지 긴 시간을 걸어도 다다를 길이 없는 것이다. 그러므로 자기 스스로의 바라는 힘(願力)에다 아미따불이 베푸신 자비의 힘을 더해야, 한 찰나 사이에도 문득 목적지에 다다를 수 있는 것이다.

---

39) 광년(光年): 빛이 1년 동안 가는 거리. 빛의 속도는 초속 30만㎞이고 서울에서 뉴욕까지가 11,000㎞ 정도니, 빛은 1초에 서울~뉴욕 거리의 거의 30배를 갈 만큼 빠르고, 1광년(光年), 곧 빛이 1년 동안 가는 거리는 9조 4천 600억㎞이다.

나는 아미따불을 향해 머리가 땅에 닿도록 몸을 구부려 절
을 하면서 자비심으로 보살펴, 나고 죽는 것을 벗어날 수 있는
복과 지혜를 내려 주시길 빌었다.

아미따불께서 말씀하셨다.

"관세음보살이 너를 이곳으로 데리고 왔으니, 여러 곳을 돌아
보도록 하여라. 지금 바로 가 보되, 다 돌아본 뒤에는 반드시
인간 세상으로 다시 돌아가야 한다."

그때 나는 극락세계의
뛰어난 경계에 놀라 인
간 세상은 너무 괴로운
곳이라고 느껴져 다시
돌아가고 싶지 않아 애
절하게 말했다.

"이곳 극락세계가 너
무나 좋아 다시 돌아가
고 싶지 않습니다. 아미
따불께서 크게 사랑하고
불쌍히 여기셔, 저를 이곳에 머무르게 해 주십시오."

아미따불께서 말씀하셨다.

"그건 안 된다. 네가 이곳에 머무르는 것을 허락하지 않으려는 것은 아니다. 네가 이곳에 머무르면 안 되는 것은, 네가 2겁(劫)[40] 전에 이미 극락세계에 와서 태어났는데, 스스로 다시 인간세계로 돌아가 세상을 구하고 사람들을 제도하겠다고 발원했기 때문이다. 그러므로 너는 이제 다시 돌아가서 너의 마음속 바람을 다 이루면서 극락세계의 사정과 형편을 사람들이 알 수 있도록 전달해 주고, 책을 펴내 세상 사람들을 가르쳐 일깨워야 한다."

아미따불께서는 거듭 시구를 읊으셨다.

"니이왕생이겁전(你已往生二劫前)
지인발원도중생(只因發願度衆生)
누세부모급친속(累世父母及親屬)
서구동귀구품련(誓求同歸九品蓮)

그대 이미 2겁 전 태어났으나

---

40) 겁(劫, kalpa): 산스크리트의 깔빠(kalpa)를 음에 따라 한자로 겁파(劫波)라고 옮겼는데, 줄여서 겁(劫)이라고 쓴다. 뜻은 긴 시간(長時)이란 뜻으로, 어떤 시간 단위로도 셈할 수 없는 그 지없이 긴 시간을 말한다. 『지도론(智度論)』 5권에 보면, '사방 40리 성안에 겨자(芥子)를 가득 채우고 100년에 한 알씩 집어내어 그 겨자가 다 없어져도 겁(劫)은 다하지 않는다.', '사방 40리 되는 바위를 100년마다 한 번씩 엷은 옷으로 스쳐서 마침내 그 바위가 닳아 없어지더라도 겁(劫)은 다하지 않는다.'고 하였다.

다만 중생제도 발원해서

여러 대 어버이 친족과 함께

9품 연꽃 돌아오길 다짐하였네."

붇다께서 이 시구를 다 읊으시자, 나는 바로 온몸이 흔들리
어 움직이면서 2겁 전 이곳에 태어났던 모습이 떠오르고, 모든
것을 환히 알 수 있도록 눈앞에 똑똑하게 나타나서 뚜렷하게
볼 수 있었다.

아미따불께서 관세음보살에게 말씀하셨다.

"너는 저 사람을 데리고 여러 곳을 가서 보여 주도록 하여라."
나는 붇다께 3번 절을 올리고 관세음보살과 함께 설법대(說法臺)
의 큰문을 나섰다.

이때 내가 본 큰문·회랑·연못가·난간·산·땅들이 모두 7가
지 보배로 되어 있고, 다 빛을 내고 있어 마치 전기로 불을 켜
는 전기 기구 같았다. 가장 신기한 것은 보기에는 '꼴이 있는(有
形)' 것 같은데, 모두 속까지 환히 비치어 걸림이 없이 지나다닐
수 있다는 것이었다. 큰문에는 금으로 쓴 4개의 큰 글자가 있었
고, 옆쪽에도 기둥에 써 붙인 글귀가 있었지만 알아볼 수가 없
고, 지금 생각나는 것은 '邝' 한 글자뿐이고, 나머지 3글자는
뚜렷하게 기억나지 않는다. 관세음보살께서 풀이해 주셨다.

"한어로 읽는다면 '대웅보전(大雄寶殿)'이란 뜻인데, '무량수불(無量壽佛)'이라고 풀이할 수도 있다."

금빛과 푸른빛으로 눈부시게 번쩍이는 그 대전(大殿)은 크고 거룩함이 견줄 바가 없었고, 그 안에 수만 명의 사람이 있었다. 아울러 아주 많은 보살이 대전 안팎에 서거나 앉아 있었는데, 몸이 모두 금빛으로 안이 환히 비쳤으며, 보살들의 키는 붇다보다 좀 작았다. 보살들 가운데는 대세지(大勢至)보살과 상정진(常精進)보살 같은 큰보살님[41]들도 볼 수 있었다.

---

41) 원문에는 대보살(大菩薩)이라고 되어 있는데, 산스크리트의 보살마하살(菩薩摩訶薩, bodihisattva-mahāsattva)을 말한다. 성문과 연각도 보살(道衆生)이므로 구별하기 위해 마하살(大衆生)을 붙인 것이다. 보살에는 많은 품계가 있는데, 10지(十地) 이상의 보살을 표시하기 위하여 마하살을 더했다. 아미따경을 비롯하여 한자로는 대보살(大菩薩)이라고 옮겼는데, 한글로는 큰보살로 옮긴다. 우리가 보통 스님들 가운데 도력이 높은 스님을 큰스님이라 부르는 것과 같은 이치이다.

관세음보살께서 말씀하셨다.

"자, 이제부터는 너를 데리고 가서, 하품하생(下品下生)부터 중품중생(中品中生)에 이른 뒤, 계속해서 상품상생(上品上生)까지 보도록 하겠다."

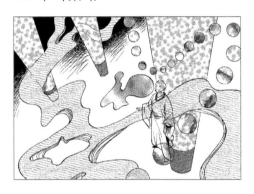

함께 가는 동안 우리 몸집이 천천히 점점 작아지기 시작하였다. 이런 신기한 현상을 느끼자마자 바로 관세음보살께 여쭈어보았다.

"왜 이러한 일이 일어나며, 사람이 왜 점점 작아집니까?"

관세음보살께서 대답하셨다.

"극락세계의 각 품(品) 중생들은 경계가 다르므로 몸집 크기도 크고 작은 차이가 있다. 우리는 지금 상품(上品: 아미따불이 계신 곳)에서 하품으로 가고 있다. 9품으로 나뉜 연꽃세계는 상품(上品)에 있는 이는 중품(中品)에 있는 이들보

다 크고, 중품에 있는 이들은 하품(下品)에 있는 이들보다 더 크다. 현재 우리는 하품으로 가기 때문에 몸집이나 키가 조금씩 작아져 하품 중생들과 같은 크기의 비례에 이르게 된다. 또 인간 세상에서는 사람의 몸이 아무리 커도 8자(8尺: 약 2m 40㎝)를 넘지 못하고, 하늘나라의 천신들의 키는 3길(3丈: 1길=10자이므로 약 10m)남짓 되는 것도 '경계에 따라 몸집이 그 경계에 들어맞게 되는 것'이라고 하는 것이다."

5장

하품연화(下品蓮花)

- 업(業)을 가지고 가서 태어나는 곳

이야기하고 또 이야기하는 동안 우리는 하품 연꽃못(下品蓮華池)에 이르렀다. 눈길을 멀리 두고 바라보니 그곳 땅은 손바닥처럼 평평하고 모두 황금이 깔려 있으며, 은은한 빛을 내고 속까지 환히 비치었다.

얼마 지나지 않아 눈앞에 아주 널찍한 마당이 하나 나타났는데, 너른 마당에는 아주 많은 여자아이가 있었다. 나이가 13~14세쯤 되어 보이는 여자아이들은 머리 꼭대기에 두 갈래 쪽을 찌고 자줏빛 꽃을 꽂은 것이 아주 아름다웠다. 그들은 똑같이 몸에 연한 초록빛 옷을 입고, 연분홍빛 앞치마[42]에, 허리에는 금띠(金帶)를 두른 옷차림을 하고 있어 겉차림은 하나로 통일되어 있었다.

'서녘 극락세계에 어떻게 여자들이 있을까?!' 의아하게 생각한

나는 관세음보살께 여쭈었다.

"불경에 말씀하신 것을 보면 극락세계에는 남녀가 따로 없다고 했는데, 왜 이곳에 여자아이들이 있을 수 있습니까?"

관세음보살께서 대답하셨다.

"그렇지. 이곳에는 남녀라는 모습이 따로 없다. 이제 너 스스로는 어떤지 한번 보아라!"

나는 그 말씀을 듣고서야 비로소 나도 이미 열서너 살 된 여자아이로 바뀌어 있고, 옷차림도 그 아이들과 똑같다는 것을 새삼스럽게 알아차릴 수 있었다. 나는 놀라서 관세음보살께 여쭈었다.

"왜 이렇게 되었습니까?"

관세음보살께서 말씀하셨다.

---

42) 앞치마: 한문 원문에는 두군(肚裙)이라고 했다. 두군이란 복건성 천주시(泉州市) 혜안현(惠安縣)의 전통 여자 옷으로, 위아래 옷을 입고 앞치마처럼 걸치는 꾸밈옷이다. 본디 이름은 백습변군(百襵边裙)으로 '100개의 주름이 잡힌 옆 치마'란 뜻인데, 보통 두군(肚裙), 곧 '배 치마'라고 부른다. 한국의 앞치마 비슷한데 주름이 많이 잡힌 치마를 말하지만, 여기서는 알기 쉽게 앞치마라고 옮겼다.

"이곳은 한 보살이 맡고 있는데, 그 보살이 남자로 바뀌면 모두 남자로 바뀌고, 여자로 바뀌면 모두 여자로 바뀐다. 실제는 남자로 바뀌든 여자로 바뀌든 연꽃에 화생(化生)하면 피와 살로 된 몸은 없고, 몸은 모두 하얀 수정같이 속까지 환히 비쳐 파리(玻璃)[43]처럼 된다. 그러므로 사람이란 모양새는 있지만 실제 남녀 구별은 전혀 없다."

내가 스스로 몸을 살펴보니 관세음보살께서 말씀하신 것과 아주 똑같이 피부·살·손톱·뼈·피는 보이지 않고, 오로지 하얗고 속이 환히 비치는 수정 같은 몸뿐이었다.

하품하생(下品下生)에 태어난 사람은 모두 업을 가지고 와서 태어난다. 여기 오면 사내와 계집, 늙은이와 어린아이를 따지지 않고 연꽃에 바뀌어 태어난(化生) 뒤 모두 한결같이 열서너 살의 아이 모습으로 바뀐다. 늙은이도 아이로 돌아가 모두 다정하고 사랑스럽고 아름다운 얼굴 모습이 보통과는 다르며, 겉으

---

43) 파리(玻璃): 아미따경에 나오는 극락의 7가지 보석 가운데 하나. 보석으로 들어가는 유리나 수정을 파리라고도 한다.

로 보기는 남녀의 구별이 있는 것 같지만 실제로는 남녀가 따로 없다.

나는 관세음보살께 여쭈어보았다.

"왜 이곳에 와서 태어난 중생들은 모습이 한결같고 나이도 똑같이 바뀔 수 있습니까?"

관세음보살께서 대답하셨다.

"그것은 불성(佛性)이 평등하기 때문이다. 아미따불께서 붇다의 위신력(佛力)으로 이곳으로 맞아들여 연꽃에 바뀌어 태어나면 한결같고 똑같이 대한다. 인간 세상에서 할아버지건 할머니건 또는 중년이건 장년이건 따지지 않고 연꽃에 바뀌어 태어나면 똑같이 십몇 살의 모습이 된다. 이런 원리는 마치 인간 세상에서 갓 태어난 아기는 몸의 크기가 거의 같은 것과 마찬가지다.

하품하생에서 연꽃에 화생한 뒤, 연꽃 속에서 날마다 여섯 때[44] 가운데 한 때는 경전 공부 시간인데, 큰보살(大菩薩) 한 분이 맡으신다. 경전 공부 시간이 되어 범종이 한 번 울리면 연꽃

---

44) 여섯 때(六時): 하루를 아침(晨朝, 平旦), 한낮(日中, 日正中), 저녁(日沒, 日入), 이른 밤(初夜, 人定), 한밤중(中夜, 夜半), 새벽(後夜, 鷄鳴)으로 나누어 여섯 때라고 한다.

못에 있는 사람이나 다
락집에 머무는 사람이
나 모두 한결같이 여자
아이나 남자아이 모습
으로 바뀌게 된다.

그들의 모습과 옷차
림은 모두 붇다의 힘이나 보살이 다스리는 대로 이루어진다. 붇
다가 남자로 바꾸고자 하면 바로 남자 모습이 되고, 여자로 바
꾸고자 하면 바로 여자 모습이 된다. 옷차림도 마찬가지로 붉은
빛으로 하고자 하면 바로 붉은 빛으로, 초록빛으로 하고자 하

면 바로 초록빛으로,
노란빛으로 하고자 하
면 바로 노란빛으로 한
결같이 바뀐다. 이들
하품하생의 중생들은
낮에는 연꽃에서 나와
놀거나, 노래하거나, 춤
추거나, 절하거나, 염불
하거나, 경전을 읽거나,
놀이하거나, 그 밖의 다
른 활동을 하다가 쉬는

때가 되면 이내 스스로의 연꽃 속으로 들어가게 된다. 바꾸어 말하면 한낮에는 꽃이 피고, 밤에는 꽃이 오므라든다. 쉴 때는 연꽃 속에서 마음속으로 염불하기도 하고, 갖가지 달콤한 꿈을 꾸기도 한다(업을 가지고 태어났기 때문에 지난날의 업이 멋대로 사실처럼 나타나는 것을 피할 수 없다)."

관세음보살께서 말씀하셨다.
"자, 이제 너를 데리고 연꽃마당에 가 보도록 하겠다."

그곳에 다다르자, 처음에는 10~20명의 여자아이만 보였는데, 가까이 가자 몇십, 몇천, 몇만 명의 여자아이들이 빠르고 끊임없이 늘어나더니, 눈 깜짝할 사이에 모든 대전(大殿)과 높은 건물 안에 겉모습과 옷차림이 똑같은 여자아이들로 꽉 찼다. 그

아이들을 한곳에 모이게 하여 우리가 보도록 한 것인데, 그들에게는 한꺼번에 여러 만 명을 한곳에 모이게 하여 눈앞에 보이기는 아주 쉬운 일이다.

우리 인간 세상에서 몇천, 몇만 명을 한곳에 모이게 하려면 무척 힘이 들고 시간이 오래 걸리는 것과는 달랐다.

이윽고 우리는 연꽃못(蓮花池)에 다다랐다. 문득 보니 연못 속의 물이 아주 신기하게 마치 공기와 같아, 우리 싸하세계의 물이 액체인 것과 달랐다. 관세음보살께서 말씀하셨다.

"내려가서 한 번 씻어 보아라."

내가 여쭈었다.

"옷이 젖으면 어떻게 합니까?"

관세음보살께서 말씀하셨다.

"젖지 않는다. 싸하세계에서 물에 들어가면 옷이 젖는 것과는 다르다."

나는 두려워서 아주 조심스럽게 못에 들어가 몸을 씻어 보니 말씀하신 그대로 옷이 전혀 젖지 않았다. 더 신기한 것은 나는 헤엄을 칠 줄 몰라 바닥으로 가라앉을까 두려워했는데, 연꽃못

속에서 헤엄치는 것은
자기 뜻대로 높이 오르
고자 하면 높이 오르고,
내려가고자 하면 내려가
고, 왼쪽으로 가려 하면
왼쪽으로 가고, 오른쪽
으로 가려 하면 오른쪽으로 가, 완전히 스스로 마음을 내는 대
로 다스릴 수가 있었다.

나는 못 속에서 한
바퀴 또 한 바퀴 맴돌
며 놀았는데, 매우 즐
거웠다. 나는 호기심에
물을 한 모금 마셔 보
았는데, 아주 시원하고
맛이 좋았다. 입안 가득가득 마음껏 마셨는데, 마시면 마실수
록 정신이 갑절로 맑아지고 온몸이 가벼워져 마치 날아갈 것만
같았다. 나는 옷을 여러 번 만져 보았지만, 조금도 젖지 않았다.

내가 헤엄을 치면서 연꽃못 한가운데까지 갔을 때 수없이 많
은 아름다운 연꽃들이 찬란하게 피어 있고, 꽃 위에 사람이 얌

전하고 바르게 앉아 염불하는 것을 보았다. 그러나 몇몇 연꽃들은 시들거나 꺾인 것도 있고, 나중에는 말라 죽은 것도 있었다. 연꽃못에 있는 물은 바로 아미따불에 관한 경전에 나오는 '여덟 가지 공덕의 물(八功德水)'[45]이었다.

---

45) 8가지 공덕의 물(八功德水): 현장(玄奘)이 옮긴 아미따경에는 8가지 공덕의 물 이름이 자세하게 나온다. ①맑고 깨끗하다(澄淨). ②아주 시원하다(淸冷). ③달다(甘美). ④가볍고 부드럽다(輕軟). ⑤미끄럽고 윤기가 있다(潤澤). ⑥온화하다(安和). ⑦마시면 헤아릴 수 없는 허물과 근심(過患)을 없애 준다. ⑧5근과 4대를 길러 주고, 갖가지 최고의 선근을 늘려 준다.

6장

하품하생(下品下生)에
태어난 사람의 업(業)이
헛되이 나타나다

하품하생에 태어난 사람은 바로 우리 싸하세계에서 정토에 태어나기를 바라면서 한마음으로 염불하여 '업(業)을 가지고 와서 태어난(帶業往生)' 중생들이다.

'업을 가지고 와서 태어난다'는 것은 무엇인가?

이런 중생들은 지난날 싸하세계에서 죽이고(殺生), 훔치고(偸盜), 속이고(詐欺), 헐뜯고(誹謗), 해치고(陷害), 이간질하고(兩舌), 삿되고 음탕한 짓(邪淫) 같은 갖가지 나쁜 업(惡業)을 지었기 때

문에 그들의 행실을 두고 따지면 본디 서녘
(극락세계)에 태어날 수
없는 사람들이다. 그러
나 목숨이 다할 때 선
지식(善知識)[46]을 만나
붇다의 가르침을 마음에 새기고(念佛), 아미따불의 거룩한 이름
을 한마음 흐트러지지 않게 염불하면[47] 아미따불의 바람(願力)
과 보살핌(加被)을 빌어 극락세계로 안내를 받아 태어나며, 하품
하생의 연꽃에 바뀌어 태어나는(化生) 것이다.

그렇지만 9품으로 된 연화세계는 가장 낮은 품(下品下生)에서
가장 높은 품(上品上生)까지 가려고 하면 무려 12겁이라는 시간
이 걸린다. 1겁은 1,679만 8천 년과 맞먹기 때문에 하품하생에
가서 태어난 사람이 가장 높은 품(상품상생)에 이를 때까지 닦으
려면 2억 157만 6천 년이란 시간이 걸려야 비로소 붇다가 될 수
있다.[48] 다만 우리가 싸하세계에서 적극적으로 마음을 다잡아

---

46) 선지식(善知識, kalyāṇamitra): 바른 도리를 가르치는 이를 선지식(바른 벗(善友), 뛰어난 벗
   (勝友), 바르고 사이좋은 벗(善親友)이라고도 한다)이라고 하는데, 화엄경 입법계품(入法界品)
   에서 선재동자가 가르침을 받은 53명의 선지식이 대표적인 것으로 어떤 모습을 하든 불도로
   인도하는 사람을 말한다.
47) [원문 주] 한마음 흐트러지지 않게 (염불)할 수 있는 사람들은 모두 과거세에 선근(善根)을 심
   은 사람들이다.
48) 여기서 말하는 시간은 인간 세상의 시간 개념으로 말하는 것으로, 실제 극락세계의 시간 개

부지런히 닦고 꾸준히 익혀 나가면 3~5년이란 시간에도 바로 중품이나 상품에 태어날 수 있고, 어떤 사람은 이생의 삶에서 도를 이룰 수도(成道) 있다.

그렇기 때문에 우리들은 반드시 '사람 몸을 받기 어렵다'는 말을 아주 귀중하게 여겨 부지런하고 꾸준히 수행하여 이루어 낸다면 바로 상품상생에 가서 태어나 꽃이 피어 붇다를 뵐 수 있다. 인광(印光) 대사[49]와 홍일(弘一) 법사[50]가 바로 살아있는 본보

념으로는 하품하생(13~14세)에서 상품상생(30여세)까지 올라가는 데 15~20년 안밖이 걸린다. 다만 하품하생에 태어나 극락에서 무생법인을 얻은 뒤 싸하세계로 돌아와 중생제도를 목적으로 한다면 2억 157만 6천 년 이후에야 가능하므로, 살아생전 열심히 닦아 품을 올려야 한다. 다음에 그 이야기가 이어진다.

49) 인광(印光 1861~1940): 중화인민공화국의 근대 선지식으로 3대 고승 가운데 한 분이며, 대세지보살의 화신이라고 불릴 정도로 평생 정토를 널리 폈다. 정토종 13대 조사. 호북(湖北) 연화사(蓮華寺)에 들렀다가 불경 말리는 데서 우연히 용서(龍舒)의 정토문(淨土文) 피본을 읽고 염불법문을 알게 되었다. 어려서부터 눈병이 있어 소경이 될 위기였는데, 한마음으로 염불하여 눈병이 나아 버리자, 살아 있는 동안 오로지 정토에 귀의하여 스스로 수행하며 남을 교화하는 방편법문으로 삼았다. 1881년(21세) 종남산(終南山) 남오대산(南五臺山) 연화동사(蓮華洞寺)에서 출가, 1881년 섬서성(陝西省) 흥안(興安) 쌍계사에서 구족계. 1886(26살) 베이징 홍루산(紅螺山) 자복사(資福寺)가 정토법문만 수행하는 염불도량이라는 소식을 듣고 찾아가 3년간 염불 수행과 대승경전을 읽고, 이(理)와 사(事)에 걸림이 없게 되었다. 1893년(33) 보타산(普陀山) 법우사(法雨寺) 화문(化聞) 화상을 따라가 그곳 장경루(藏經樓)에서 6년간 정진. 1937년(77) 소주(蘇州) 영암사(靈巖寺)에서 3년간 안거하다가 1940년(80살) "아미따불께서 영접하러 오시니, 나는 이제 가련다. 모두 염불 열심히 하고 간절히 발원하여 서방 극락에 가 태어나야 한다."고 말하고, 큰 소리로 염불하는 가운데 편안히 극락정토로 돌아갔다.

50) 홍일(弘一) 법사(1880~1942): 1918년 39세 때 항주(杭州) 대자사(大慈寺)에서 출가, 영은사(靈隱寺)에서 구족계를 받았는데, 법명은 연음(演音), 호는 홍일(弘一)라 하였다. 평생 계율을 공부하였는데, 특히 남산율종(南山律宗)을 널리 폈다. 평생토록 인광(印光) 대사를 가장 높이 받들어 숭배하였기 때문에 인광 대사와 똑같이 대중을 거느리지 않고 절의 주지를 맡지 않고, 오로지 대중에게 글씨를 써 주며 인연을 맺었다. 『사분율비구계상표기(四分律比丘戒相表記)』를 비롯한 율종 관계 저서가 많고, 정토에 관한 책으로는 『미타소의힐록(彌陀義疏擷錄)』이 있으며, 『홍일대사법집(弘一大師法集)』이 있다. 1942년 진강(晉江) 온능양노원(溫陵養老院)에서 63세 법랍 24세로 입적하였는데, 극락에 가서 태어난 왕생전이 전해지고 있다.

기다. 이 점에 대해서는 다음에 다시 이야기하겠다.

이제, 다시 하던 이야기로 돌아와서, 우리 싸하세계에 사는 중생들은 도리어 수많은 괴로움이 있어 피할 수 없다. 그것은 바로 태어남(生), 늙음(老), 아픔(病), 죽음(死), 갖고 싶은 것을 얻지 못한 괴로움(求不得苦), 싫어하는 사람과 함께 살아야 하는 괴로움(怨憎會苦), 사랑하는 사람과 헤어지는 괴로움(愛別離苦), 5가지 요소(五陰)[51]로 말미암은 괴로움(五陰盛苦)이다.

(그러나) 극락세계는 하품하생(下品下生)에 태어난다고 할지라도 앞에서 본 괴로움은 전혀 없다. 왜냐하면 '극락세계'란 '즐거움(樂)'만 있고 '괴로움(苦)'이란 없기 때문이다. 비록 하품하생에 태어난 중생은 12겁이라는 긴 시간을 닦아야 하지만, 차례대로 품(品)이 올라가도록 보장되어 있어서 끝내는 꽃이 피어 붇다를 뵙게 되는 것이지 도중에 뒤로 물러나 3가지 나쁜 길(惡道)이

---

51) 5가지 요소(五陰, pañca-skandha): 다섯 가지 요소(陰), 곧 색(色), 수(受), 상(想), 행(行), 식(識)을 말한다. 요소(陰)란 산스크리트 skandha를 뜻으로 옮긴 것으로, 온(蘊)이라고도 한다. skandha는 원래 인도의 옛날 문헌에서는 '나무의 줄기(stem, trunk), 특히 가지가 뻗기 시작하는 줄기(몸통)'를 나타낼 때 쓴 낱말이다. 여기서 skandha는 존재를 구성하는 데 없어서는 안 되는 핵심적인 구성 요소(constituent elements)를 뜻하는 것으로, (물질인) 사람 몸뚱이(rūpa, 色, bodily form)와 (마음 작용인) 느낌(vedanā, 受, sensation)·(느낌에서 생긴 나름대로의) 견해(saṃjñā, 想, perception)·(그 견해에 따라) 저지르는 짓(saṃskāra, 行, putting together)·(한 짓의 결과로 생긴) 판단 능력(vijñāna, 識, consciousness or thought-faculty)을 말하는 것으로, 크게는 물질계와 정신계를 아우르는 인연에 의해 생기는 모든 유위법(有爲法)을 말하고, 작게는 인간의 몸과 마음을 말한다. 따라서 여기서 5가지 요소란 인간이 나고 죽고 변화하는 데서 생기는 모든 괴로움을 말한다.

나 4가지 나쁜 길(四惡趣)[52]로 떨어질 걱정이 전혀 없다. 그리고 모든 수행 과정은 처음부터 끝까지 가장 즐거운 극락 상태에서 이루어지게 된다.

하품하생의 연꽃은 우리 인간 세상의 연꽃과는 달라서 1~3 제곱 리(500~1,500㎡)[53]쯤 크고, 3~4층 건물만큼 높으며, 연꽃은 모두 빛을 낸다. 그러나 이곳에 와서 태어난 사람이 그 연꽃 안에서 갖가지 헛된 생각(妄想)을 일으키면 바로 연꽃의 빛깔이 어두워지고 빛이 나지 않으며, 반대로 헛된 생각 없이 속마음이 맑고 깨끗하면 연꽃은 바로 눈부시게 빛나 환한 빛을 낸다.

다음은 두 가지 실제 본보기다. 관세음보살님께서 말씀하셨다.

"중생들은 여러 생을 살아오면서 갖가지 서로 다른 업(業)을 지었기 때문에 그 업을 가지고 와서 태어난 뒤, 그 업이 헛되이 되비치는 것도 다르다. 하품하생에 태어난 사람은 업장(業障)이 꽤 두터운 편이지만, 그것도 가볍고 무거운 나눔이 있어 하품의 연꽃도 상·중·하 셋으로 나뉜다. 거의 모든 사람은 은혜와 사랑

---

52) 3가지 나쁜 길(三惡道)과 4악취(四惡趣): 중생이 죄를 지어 죽은 뒤에 떨어지는 지옥, 아귀, 짐승 같은 3가지 괴로운 길을 3가지 나쁜 길(惡道)이라고 한다. 악도(惡道)와 악취(惡趣)는 같은 뜻으로 지옥, 아귀, 짐승의 3악도(三惡道)에 아수라 세계를 합친 것을 4악도 또는 4악취라고 한다.
53) 리(里): 중화인민공화국에서 1리는 500m로, 중화인민공화국의 8리가 한국의 10리와 맞먹는다.

을 잊기 어려운데, 어버이 형제 누이 벗들과 아울러 물질과 재산에 대한 욕망이 모두 하나하나 비추어 되살아나는 것이 마치 인간 세상에서 꿈을 꾸는 것과 같다. 이제 너를 데리고 가서 헛된 업이 되비치는 실제 상황을 보기로 하겠다."

몇 굽이를 돌자, 색깔과 빛이 어두운 연꽃 한 송이가 보였다. 들어가서 보니 높은 빌딩이 있는데, 집이 황궁보다 더 빛나고 아름다웠고, 꽃밭은 그윽하고 품위가 있었으며, 집 안에는 옛날 물건과 진귀한 보배들이 모두 아주 점잖고 아름답게 꾸며져 있어 마치 인간 세상의 재상(宰相)이 사는 큰 집 같았다. 집 안에 있는 남자와 여자, 늙은이와 아이 수십 명의 옷차림은 인간 세상과 똑같이 빛나고 아름다웠고, 일하는 사람들이 들락날락하며 매우 떠들썩한 분위기로 보아, 마치 무슨 기쁜 일이 있는 것 같았다.

나는 관세음보살께 여쭈었다.
"왜 극락세계에 인간 세상의 집 안처럼 살림하는 방식이 남아 있습니까?"

관세음보살께서 대답하셨다.
"이 사람은 목숨이 다할 때 아주 맑고 깨끗하여 업을 가지고

와서 태어났지만(帶業往生), 수많은 겁(劫) 동안 쌓인 버릇(習氣)[54]
과 헛된 생각(妄想)이 매우 많아 세속적인 먼지가 아직 남아 있
는 것이다. 여기 수십 명은 모두 그가 살았을 때의 어버이·아내
와 아들딸·애인·형제·누이·며느리·친족들인데, 은혜와 사랑
을 벗어나기 어려워 연꽃에서 쉴 때마다 이런 사람과 물건들을
문득 그리워하며 헛된 생각을 일으켰기 때문에 그들이 바로 나
타나게 된 것이다. 극락세계는 즐거움만 있고 괴로움은 없으므
로 어버이를 생각하면 어버이가 오고, 아내와 자식을 생각하면
아내와 자식이 오고, 화려한 빌딩을 생각하면 화려한 빌딩이 나
타나고, 맛 좋은 먹을거리를 생각하면 맛 좋은 먹을거리가 온
다. 이렇게 나타나 펼쳐지는 모습은 마치 싸하세계 중생들이 꿈
을 꿀 때와 같아, 꿈속에서는 실제 상황처럼 함께 살지만 꿈을
깨고 나면 모든 것이 헛되고 아무것도 없는 것처럼, 이것은 다
만 업이 제멋대로 되비쳐지는 거짓된 모습일 뿐이지 인간 세상
에 사는 친족들은 알지도 못하는 일이다."

관세음보살의 말씀은 사람들에게 스스로를 깊이 돌이켜보게

---

54) 버릇(習氣, vāsanā, the present consciousness of past perceptions): 번뇌를 일으킬 때마다 마
  음속에 새겨진 버릇이다. 그러므로 전생의 번뇌와 업은 기억에서는 사라져 잊어버리지만, 이 버릇
  (習氣)은 씨앗(種子)이 되어 계속 다음 생까지 이어진다. 이 씨앗은 다시 자라나고 키워져 알라야
  식(ālaya, 阿賴耶識)에 갈무리되고, 다시 그다음 생에 되풀이되게 된다.

한다. 따지고 보면 사람이 살아가는 것도 한바탕 큰 꿈이 아닌가! 죽어서 넋이 몸뚱이를 떠날 때는 사람들이 가지고 있는 모든 것은 가지고 갈 도리가 없으니 이미 그대의 것이 아니요, 마치 한바탕 곡두(幻)[55] 같은 꿈을 꾼 것과 마찬가지로, 마침내 모든 것이 한바탕 공(空)이 되는 것이다.

관세음보살께서 다시 그 도리를 자세히 풀어 주셨다.

"사실 업을 가지고 이곳에 와서 태어난 사람들은 헛된 생각(妄想)이 인간 세상의 욕망보다 훨씬 많다. 싸하세계는 (물질을 바탕으로 한) '물질(物質)'이기 때문에 가로막는 것이 너무 많다(물질이란 종이 한 장만 막혀도 볼 수 없고, 물질이란 스스로 끊임없이 묵은 것은 없어지고 새것이 대신 생기면서 연줄 따라 생겼다가 연줄 따라 사라지는 것이다). 그러므로 수많은 물건을 '갖고 싶지만 얻을 수 없는 고통(求不得苦)' 때문에 한숨짓는 때가 자주 있지 않은가! 그렇지만 극락세계는 그와 달리 물질적인 세계가 아니기 때문에 어떤 것을 바라는 생각(헛된 생각)만 하면 그것이 바로 눈앞에

---

55) 곡두(幻): 환영(幻)이란 한자 낱말에 딱 들어맞는 우리말이다. 사전에서 '곡두'를 찾아보면 '실제로 눈앞에 없는 사람이나 물건의 모습이 마치 있는 것같이 보였다가 가뭇없이 사라져 버리는 현상. [漢] 幻影'이라고 나와 있고, 환영(幻影)을 찾아보면 '곡두'라고 나와 있다. 환(幻) 또는 환영(幻影)을 '허깨비'라고 옮기는 경우도 가끔 있다. 그러한 허깨비는 'A를 B라고 보는 착각이나 새를 쫓는 사람 모양의 물건(허수아비)'을 말하기 때문에 환영(幻影)과는 다른 뜻이다. 곡두는 실제는 존재하지 않는 것을 있는 것으로, 잘못 보는 것을 말한다.

나타나 끊임없이 누릴 수 있게 해 준다. 극락세계의 (자성을 바탕으로 한) '성질(性質)'이란 텅 빈 곳(虛空)에 속하기 때문에 온 법계(法界)에 두루 꽉 차고, 하늘나라는 신성(神性)을 바탕으로 한 '신질(神質)'에 속하기 때문에 비록 5가지 신통력(神通力)[56]이 있지만 구하는 것을 얻지 못하는 때가 있다. 인간 세상은 '물질(物質)'에 속하기 때문에 겹겹이 가로막혀 구하는 것을 얻기 어렵다."[57]

나는 또 관세음보살께 여쭈었다.

"헛된 경계(꿈)와 여래의 맑고 깨끗한 참된 경계는 무엇이 다릅니까?"

관세음보살께서 가르침을 주셨다.

"참된 경계란 늘 있어 없어지지 않는 것(常住不滅)으로, 갖가지 빛을 끝없이 오래 내뻗칠 수 있지만, 헛된 경계란 덧없는 것(無常)으로, 어떤 빛도 내뻗칠 수가 없다. 그러므로 한 번 스스로의 헛된 업(業)을 깨치게 되면 바로 모든 것이 공(空)하여 아무것

---

56) 5가지 신통력(五神通力): 전생을 알 수 있는 숙명통(宿命通), 세상의 모든 일을 알 수 있는 천안통(天眼通), 하늘과 땅의 모든 소리를 들을 수 있는 천이통(天耳通), 다른 사람의 마음을 알 수 있는 타심통(他心通), 바라는 곳에 마음대로 갈 수도 있고 몸을 여러 개로 만들 수도 있는 신족통(神足通) 같은 5가지 신통력.

57) 싸하세계의 물질(物質), 하늘나라의 신질(神質), 진여세계의 성질(性質)에 관해서는 나중에 관정 스님이 정토선(淨土禪) 수행법에 대해서 쓴 『정토선 원리(淨土禪精義)』에서 자세히 구체화한다.

도 없는 것과 같다. 마치 사람이 잠을 잘 때 꿈을 꾸는 것과 같아서 꿈속에서 본 산·내(川)·사람·물건이나 도시·빌딩 같은 것들이 꿈을 깨고 나면 아무것도 없는 것과 같다.

싸하세계에 사는 중생들은 명예와 이익을 다투는 데에 목숨을 걸고, 너 죽고 나 살자는 식으로 온 삶의 정신과 힘을 아낌없이 쏟아 버린다. 그러다가 마침내 죽고 나면 단 한 가지도 가지고 가지 못하고, 정신과 넋은 6가지 길을 따라 끊임없이 나고 죽는(六道輪廻) 소용돌이에 빠져들어 연줄(緣) 따라 나고 연줄 따라 죽으며, 업보(業報)에 따라 괴로움과 아픔을 끝까지 견뎌내야 하는 것이다. 그러므로 이 괴로움의 바다를 벗어나고 싶다면 반드시 하루빨리 깨달아서 이 언덕(극락세계)으로 돌아와야 한다."

앞에서 본 그 집 주인도 업을 가지고 와서 태어난 것으로, 관세음보살의 말씀에 따르면 그는 나와 같은 고향(푸젠성 보전현)이라고 한다. 나와 서로 말이 통할 것이니 집 안으로 들어가 보라고 하셨다.

우리가 그 화려한 큰 건물 안으로 들어가 보니, 안쪽에 큰 술자리가 마련되어 있고, 상 위에는 온갖 맛있는 음식들이 차려져 있는데, 60~70명이 바야흐로 크게 먹고 마시는 중이라 광경이 꽤나 떠들썩하였다. 한 노인이 있는데, 70살쯤 되어 보이는 겉모습이 인간 세상에서 재산이 넉넉하고 세력이 있는 사람 같아 주인이라는 생각이 들었다.

그는 내가 들어오는 것을 보더니, 정중하게 앞으로 나와 멋쩍어하면서 물었다.

"어디에서 오셨는지요?"

나는 복건성(福建省) 사투리를 써서 대답하였다.

"나는 복건성 보전(莆田)에서 왔는데, 당신과 같은 고향입니다."

그는 '같은 고향'이라는 말을 듣자마자 한껏 기뻐하며 머리를 잇달아 끄덕이며 말했다.

"어서 오십시오. 정말 잘 오셨습니다."

아울러 나를 아주 정성껏 맞이하여 자리에 함께하도록 하였다. 나는 얼떨결에 물었다.

"여러분은 여기서 무슨 큰 잔치를 하고 있습니까?"

그는 웃으며 오히려 되물었다.

"당신은 어떻게 여길 오시게 됐습니까?"

나는 손을 들어 문밖에 서 계시는 원관 노스님을 손으로 가리키며 말했다.

"관세음보살께서 나를 데리고 여기까지 오셔서, 여기를 돌아
보면서 구경하고 있습니다."

이 말이 떨어지자마자 눈앞의 모든 모습이 갑작스럽게 바뀌
기 시작했다. 이 노인은 관세음보살이란 이름을 듣자마자 몸이
갑자기 한차례 흔들리더니 얼굴에 부끄러워하는 모습이 그대
로 드러났다. 잠깐 사이에 눈앞에 보이던 그 화려한 건물과 안
에 있던 60~70명, 그리고 모든 잔치의 시끌벅적한 장면이 갑자
기 사라져 버렸다. 그 노인도 13~14살의 모습으로 바뀌어 연꽃
위에 얌전하고 바르게 앉아 있는데, 온몸이 수정처럼 하얗고 속
까지 환히 비치어 아주 아름다웠다.

이처럼 광경이 갑자기 바뀐 것은 바로 관세음보살께서 조금
앞에 말씀하신 것과 같은 것으로, 경치나 모습은 헛된 생각(妄
想)에서 생겼고, 그 헛된 생각이 사라지자 경치나 모습도 따라
서 사라진 것이다.

본디 이 사람은 전생에 싸하세계에서 이름난 부자 상인이었
다. 그는 갖가지 살아 있을 때의 헛된 생각이 아직도 남아 있어
쌓인 버릇(習氣)을 없애지 못하고 큰 잔치를 베풀어 손님을 맞이
하는 것을 좋아했다. 이런 버릇은 뜻하지 않은 때 갑자기 드러
나는데, 바로 조금 전 같은 정경들이 이루어졌던 것이다.

조금 뒤, 그는 나에게 스스로를 소개하였다.

"저는 복건성(福建省) 보전현(莆田縣) 함강향(涵江鄉) 다두촌 (哆頭村) 사람이고, 이름은 임도일(林道一)이라고 합니다. 집안 은 잘살아 다두촌에서는 이름난 집안에 들었습니다. 목숨이 다할 때 선지식(善知識)의 가르침과 안내를 받아 '열 번 염불(十 念)[58]로 (극락에) 와서 태어났습니다. 다만 참으로 부끄러운 것은 나의 업장과 헛된 생각(妄想)이 너무 많아 없애 버리지 못하고 은 혜와 사랑도 버리기 어렵기 때문에 늘 허튼 생각을 하게 되면 갖 가지 헛된 경계가 나타납니다. 관세음보살께서 이미 두 차례나 저를 불러 가르침을 주시면서 바로잡으라고 하셨으나, 나는 아 무리 해도 묵은 병이 다시 도져 죄다 고쳐지지 않고 있습니다."

헤어질 때 그는 또 나에게 한 가지 소식을 전해 달라고 맡겼 다. 그는 아들이 하나 있는데, 이름은 아왕(阿旺)이고, 싱가포르

---

58) 10번 염불(十念): 무량수경(無量壽經)에 보면 아미따불이 과거세에 극락을 기획하면서 한 다 짐과 바람(誓願) 48가지 가운데 18째에 이런 다짐을 한다. "제가 붇다가 될 때, 시방 중생들이 마음 깊이(至心) 믿고 기뻐하며(信樂) 저의 나라에 태어나고자(欲生) 제 이름을 열 번까지 새 겼는데도(十念) 태어날 수 없다면 깨달음을 얻지 않겠습니다(設我得佛 十方衆生至心信樂 欲 生我國 乃至十念 若不生者 不取正覺)." 같은 경에서 사꺄무니 붇다는 이렇게 말씀하셨다. "(가 장) 아래 동아리(下輩)란 시방세계의 여러 천신과 인간이 마음 깊이 그 나라(극락)에 태어나 길 바라는 무리로, 설사 여러 가지 공덕(功德)을 짓지 못했다고 하더라도 마땅히 위없는 보 디마음(菩提心)을 내고, 뜻을 오로지 하나로 합쳐 열 번(十念)만이라도 무량수불(無量壽佛)을 마음에 새기면서(念, 염불) 그 나라에 태어나길 바라는 무리나, 또는 깊은 법(法)을 듣고 기꺼 이 믿고 즐거워하며 의혹(疑惑)을 일으키지 않고 단 한 생각(一念)이라도 그 붇다(아미따불)를 마음에 새기면서 아주 정성 어린 마음으로 그 나라에 태어나길 바라는 무리이다. 이러한 사 람이 임종할 때에는 꿈결에 아미따불을 뵈옵고 극락세계에 왕생하는데, 그 공덕과 지혜는 가 운데 동아리(中輩)의 다음간다."

에 살고 있다고 한다. 내가 나중에 싸하세계로 돌아간 뒤 그 아들 아왕에게 '아버지는 중화인민공화국에서 이미 서녘 정토에 가서 태어났다'는 한마디를 전해 달라는 것이었다.[59]

관세음보살께서는 이처럼 업을 가지고 와서 태어난 사람들에게는 연꽃못인 '여덟 가지 공덕의 물(八功德水)'에 가서 많이 씻도록 해, 마음속의 헛된 생각을 씻어 버리고 스스로의 참된 마음이 조금씩 맑고 깨끗하게 되돌아가도록 타이르고 이끌어 주신다고 한다.

나와 관세음보살은 다시 가파른 절벽 아래 이르렀다. 이때 나는 또 기묘하고 이상한 광경을 보았다. 나이가 스무 살 안팎쯤 되는 여자를 보았는데, 몸에 사람들과 똑같은 검은 옷을 입고 높은 절벽 아래서 큰 소리로 울부짖고 있는 것이 아닌가! 그때 나는 '극락세계는 즐거움만 있고 괴로움은 없는 것인데, 왜 여기에 저처럼 몹시 슬퍼서 괴로워하는 사람이 아직 있는 것인가?'

---

59) 2012년 11월 28일, 이 이야기에 나온 주소(현재 주소: 福建省 莆田市涵江區 三江區鎭 哆頭村 哆中 角頭溝)를 찾아가 아왕(阿王)의 큰아들 이명반(李明盤)을 찾아 자세한 집안 사정을 조사했다. 조사 결과, 임도일(林道一)은 이임도일(李林道一)이란 두 개의 성을 썼다. 본시 성은 이(李)인데, 아마 양자를 가서 임(林)씨 성을 하나 더 가진 것으로 보인다. 다행히 그 집에 임도일과 아왕의 사진이 모두 있어 손에 넣을 수 있었고, 아왕은 1976년 이미 싱가포르에서 세상을 떴다고 한다. 자세한 내용은 관정 스님 일대기 『극락과 정토선』을 볼 것.

라는 아주 이상한 생각이 들었다.

관세음보살께서는 이미 나의 속마음을 환히 알고 계시듯 나를 다 꿰뚫어 보시고는 나더러 앞으로 나가서 한번 물어보면 바로 알 것이라고 했다. 그래서 나는 그녀 곁으로 가서 두 손을 합장하고 물었다.

"보살님, 왜 여기서 이렇게 슬프게 울고 있습니까?"

그녀가 머리를 들고 쳐다보는데, 울고 있는 것이 아니라 빙긋이 웃으며 나에게 말했다.

"저는 마음이 놀라서 헛된 생각이 어지럽게 흩날리고 있는 것입니다."

말소리가 떨어지자마자 바로 연꽃못의 연꽃 위로 돌아가 얌전하고 바르게 앉았는데, 13~14살의 여자아이 모습으로 변하고, 온몸이 수정 같았으며, 그 높은 벼랑도 한꺼번에 사라져 버렸다.

그녀는 나에게 스스로를 소개하였다.

"저는 복건성 순창(順昌) 사람이고, 이름은 ○○○이며, 현재 21세인데 불문(佛門)에 귀의한 청신녀입니다. 1960년대 저는 출가하기로 마음먹었으나 사람들이 중간에 간섭하며 줄곧 반대하였으며, 마지막에는 너무 심하게 괴롭혀 벼랑에서 뛰어내려 자살하게 되었습니다.

본디 제 목숨을 스스로 끊어 죽는 것은 10가지 나쁜 짓(十惡)[60]에 들어 극락에 태어날 수 없지만, 관세음보살께서 큰 자비심을 내시어, 저의 한 가닥 참되고 바른 정성을 마음속에 두셨다가 맑은 나라(淨土)에 태어나도록 이끌어 주셨습니다.

저는 이곳에 태어난 지 얼마 안 되었기 때문에 놀란 마음과 헛된 업장을 아직 없애지 못해 자주 스스로를 억눌러 다스리지 못하고 마음속에 있는 놀란 마음과 헛된 업장이 되비쳐 나타나는 것입니다. 이런 현상은 바로 사람들이 불길한 꿈을 꾸는 것과 같아서 마음속에 늘 놀랍고 무서운 경계가 나타나곤 한답니다. 비록 관세음보살께서 설법으로 깨우쳐 주셨지만, 아직 없애버리지 못하고 있습니다.”

나는 그녀를 보살펴 주려는 마음을 내어 손가락으로 가리키며 말했다.

“보세요. 내 옆에 서 계시는 분이 바로 관세음보살님이 아니십니까!”

---

60) 몸·입·뜻으로 짓는 10가지 나쁜 짓(十惡業). 곧 ①산 것을 죽이는 것(殺生), ②도둑질(偸盗), ③삿되고 음탕한 짓(邪淫) 같은 몸으로 짓는 업(身業), ④거짓말(妄語), ⑤묘하게 꾸며 대는 말(綺語), ⑥두말(兩舌), ⑦욕(惡口) 같은 입으로 짓는 업(口業), ⑧탐냄(貪), ⑨성냄(瞋), ⑩어리석음(癡) 같은 생각으로 짓는 업(意業)을 말하는데, 자신을 죽이는 자살은 첫째 산 것을 죽이는 10가지 나쁜 짓에 들어맞는 것이다.

그녀가 이 말을 듣자마자 바로 관세음보살님에게 무릎을 꿇고 엎드려 절을 올리자, 관세음보살께서 그녀에게 일러서 시키셨다.

"너는 빨리 연꽃못의 여덟 가지 공덕의 물(八功德水)로 몸을 많이 씻어라. 그러면 이런 업장이 조금씩 없어질 것이다."

연꽃못에 있는 연꽃도 성성하게 피고 시드는 갖가지 현상을 드러내고 있어, 관세음보살께 이내 물어보았다.

"왜 이렇게 되는 것입니까?"

관세음보살께서는 대답하셨다.

"연꽃 하나하나가 시들거나 생기를 잃는 까닭은, 어떤 사람이 붇다를 처음 믿을 때 아주 경건하고 정성스러운 마음으로 온 힘을 다해 염불에 정진하면서 붇다가 될 씨앗을 뿌리면, 그 씨앗은 연꽃못에서 성성하게 자라 아름다운 꽃이 활짝 피게 된다. 그러나 한동안 부지런히 닦다가 마음이 게을러지고 믿는 마음이 흔들리면, 염불만 그만두는 것이 아니라 나중에는 10가지 나쁜 짓(十惡)이라는 나쁜 일까지 저지르게 되고, 그렇게 되면 그 사람의 연꽃은 조금씩 시들어 가는 것이다.

저기 꺾어져 시든 연꽃을 보아라. 바로 강서성(江西省)에 살았던 ○○○의 것인데, 그 사람은 처음에는 (불법에) 귀의하고 염불하였는데, 나중에 벼슬아치가 되더니 염불하지 않고, 도리어 5가지 냄새나는 남새(五葷菜)[61]를 먹고 10가지 나쁜 짓을 저지르니 나라에서 사형에 처했기 때문에 연꽃이 말라 죽은 것이다.

그 밖에 또 말라 죽은 이 연꽃은 (복건성) 영태현(永泰縣)에 살았던 사람의 것으로, 법사에게 귀의한 뒤 3년 동안 염불하여 꽃이 아주 아름답게 피었는데, 나중에 돈을 벌려고 뛰쳐나가 장사를 하면서부터 다시는 염불을 하지 않았다. 옳지 못한 재산을 마음껏 모았으나, 마지막에는 오히려 재산을 몽땅 잃고 망해 산더미 같은 빚을 갚을 길이 없자 스스로 목숨을 끊어 죽었다. (자살하여) 10가지 나쁜 짓을 한 사람은 (극락에) 태어날 수 없어 연꽃이 말라 죽은 것이다."

나는 또 관세음보살께 여쭈었다.

"상량(常亮) 법사[62]께서 살아 계셨을 때 저에게 말씀하시기를 '염불 한마디가 강모래만큼 많은 죄도 없앤다.'라고 하셨는데, 저

---

61) 5가지 냄새나는 남새(五葷菜): 한자로는 오훈채(五葷菜) 또는 오신채(五辛菜)라고 하는데, 부추·파·마늘·달래·무릇(興渠) 같은 냄새 나는 남새를 말한다. 불교에서 삼가는 남새다.

62) 창리앙(常亮) 법사: 관정 스님이 문화대혁명 이전 띠수이옌사(滴水岩寺: 福建省 莆田市 仙游县 钟山镇 麦斜村) 당가(當家)로 있을 때 그 절 주지였던 인도네시아계 화교였던 스님이다. 관정 스님이 띠쉬옌사(滴水岩寺)를 복원할 때 절 대웅보전 뒤에 특별히 창량 법사 염불당(常亮法師 念佛堂)을 짓고 이 기념관에 창량 법사 상까지 모신 것을 보면 관정 스님이 염불과 정토사상을 갖추는 데 큰 영향을 준 것으로 보인다.

사람은 3년이나 염불을 했는데 왜 공덕이 없습니까?"

관세음보살께서 말씀하셨다.

"그것은 불법을 몰랐던 사람이 세상을 살아가면서 악을 짓다가, 나중에 선지식의 가르침을 듣고 곧 착하게 살기로 마음을 바꾼 사람의 경우이다. 그런 사람이 영원히 악을 짓지 않겠다고 참회하며, 악을 버리고 착하게 살면서 한마음으로 염불을 시작하였을 때, 한마디 붇다 이름만 새겨도(念) 스스로 지은 그지없는 죄업이 없어지는 것이다. 그 뒤 염불을 오래 이어 가며 바뀌지 않으면, 죽은 뒤 극락세계에 가서 태어나, 비록 업을 가지고 태어났지만, 영원히 물러남이 없이 끝내는 불도(佛道)를 이루게 되는 것이다."

관세음보살께서는 잠시 멈췄다가 이어서 말씀하셨다.

"그러나 어떤 사람이 입으로는 염불하지만, 마음은 독을 품은 전갈처럼 몰래 남을 해치며 나쁜 업을 짓는 사람이 있다. 이러한 사람은 바로 10가지 나쁜 짓(十惡)에 속하는 사람이기 때문에 맑은 나라(淨土)에 가서 태어날 수는 없고, 얼마쯤 좋은 뿌리(善根)를 심는 데 그치게 된다. 그런데 그 사람 개인의 좋은 뿌리는 아직 남아 있어서 언젠가 잘못을 깨닫고 다시 참회한 뒤 염불하고 착한 일을 하면, 그 연꽃은 바로 생기를 되찾아 다시 빛이 환하게 번쩍이며 피게 된다."

관세음보살께서 넌지시 깨우쳐 주셨다.

"세상에서 잘 사나 못 사나, 지위가 높거나 낮거나, 착하거나 나쁘거나, 슬기롭거나 어리석거나, 사내·계집·늙은이·아이, 사회 각 분야에서 일하는 사람 누구를 따지지 않고 참되고 성실한 마음으로 믿고 부지런히 염불하며, 악을 끊고 착하게 살면서 (염불하는) 마음과 입이 하나가 되도록 꾸준히 이어 가면 맑은 나라(淨土)에 핀 연꽃은 튼튼하게 자라고, 목숨이 다할 때 자연히 아미따불의 인도를 받아 극락에 태어나 그 연꽃에서 바뀌어 태어나는 것이다.

만일 붇다를 믿고 염불한다고 해도 더웠다 추웠다 자주 변하고, 부지런하다 게으르다 하면 연꽃은 피어 있지만 아름답게 자랄 수가 없다. 그러다 만일 일을 그르쳐 10가지 나쁜 짓을 하고 죽으면 다시 6가지 길에서 끊임없이 나고 죽기(六道輪廻) 때문에 극락세계에 가서 태어날 수 없게 되는 것이다."

여기까지 말했을 때, 나는 문득 30살쯤 된 빅슈니(比丘尼)가 맞은편에서 걸어오는 것이 보았다. 눈여겨 바라보니 이전에 강서성(江西省) 운거산(雲居山) 경운암(慶雲庵)[63]의 주지로 있던 법본

---

63) 원문에는 운암(雲庵)이라고 되어 있으나, 싱가포르 법회 이전에 나왔던 『신비한 극락세계 여행

(法本) 스님이었다.

나를 보자마자 바로 큰 소리로 부르며 말했다.

"아아! 관정 사형이 오셨군요. 어서 오십시오! 환영합니다! 축하합니다."

나는 그 스님에게 물었다.

"스님은 언제 이곳에 태어났기에 내가 모르고 있었지요!"

스님이 말했다.

"1971년, 저는 세속으로 돌아가려 하지(還俗)[64] 않았기 때문에 나중에 어떤 곳에서 물에 뛰어들어 스스로 목숨을 끊었습니다. 본디 10가지 나쁜 짓(十惡)은 (극락) 가서 태어날 수 없는 것인데, 붇다께서 저에게는 자비로 은혜의 문을 크게 열어 주셨습니다. 내가 한마음으로 염불하고 세속에 조금도 물들지 않았다고 생각하셨기 때문에 저를 이끌어 이곳에 태어나게 한 것입니다. 제가 이곳에 온 지 얼마 되지 않습니다."

(神遊極樂世界)』과 『붇다 나라와 별난 인연(佛國奇緣)』에 경운암(慶雲庵)이라고 되어 있다. 또 직접 현지에 가서 확인한 결과, 운암(雲庵)은 없고 경운암(慶雲庵)은 아직도 있어 바로잡는다. 관정 스님은 1950년대 운거산(雲居山)에서 스승인 허운(虛雲) 화상을 모시고 있었고, 운거산에서 1957년 동운종(洞雲宗) 전법 제자로 정법안장(正法眼藏)을 물려받는다. 그러므로 운거산에 있는 스님끼리는 이미 서로 알고 지내는 사이였다.

64) 문화대혁명(1966~1976) 때 모든 불교 사찰은 문을 닫고 스님들은 억지로 집으로 돌려보냈다 (還俗). 이때 법손(法本) 스님은 환속하지 않고 5년간 버티다 결국은 더 이상 버티지 못하고 스스로 목숨을 끊은 것이다. 2012년 12월 8일, 운거산(雲居山) 진여선사(眞如禪寺)를 찾아가 자료 수집할 때, 그 절에서 가장 나이 드신 핑법(宏法, 당시 85살) 스님께서 "법본(法本)이란 비구니는 홍위병들의 협박 때문에 스스로 물에 빠져 죽었다."라고 증언하였다. (자세한 내용은 『극락과 정토선』 참조).

나는 다시 스님에게 물었다.

"하품 연꽃에 태어난 사람들은 모두 모습이 십몇 세쯤 되는 아이들인데, 왜 스님은 아직 30이 넘은 비구니(모습)입니까?"

스님이 대답하였다.

"관정 스님이 오셨다는 말을 듣고, 바로 헛된 생각(妄想)을 일으켜 본디 모습이 되도록 하여 스님이 저를 쉽게 알아볼 수 있게 한 것입니다. 관충(寬忠)[65] 사형은 잘 계시는지 모르겠습니까? 돌아가서 만나시면 그에게 힘써 부지런히 닦으라 하시고, 저는 이미 정토에 태어났으니 마음을 놓아도 좋다고 전해 주십시오."[66]

---

65) 허운(虛雲) 화상의 임제종 제자들은 모두 관(寬)자 돌림이다. 그러므로 관충(寬忠)도 관정 스님과 같은 허운 화상의 제자이다.

66) 진여선사(眞如禪寺) 굉법(宏法) 스님께서 "관충 스님은 나의 스승으로, 2010년 사삿집에서 입적하셨다."라고 증언하였다. 자세한 내용은 『극락과 정토선』을 볼 것.

ㅇ 맑게 보는 탑(淨觀塔)과 언어다라니(言語多羅尼)

갑자기 종이 울리는 소리가 들렸고, 관세음보살께서 이것은 설법 시간을 알리는 것이라고 말씀해 주셨다. 이때 문득 보니 몇천, 몇만 명이 모두 남자아이로 바뀌었는데(이번에는 여자아이는 한 명도 보이지 않았다), 모두 13~14살쯤 되어 보였다. 몸에는 붉은 옷을 입고, 허리에는 금띠를 두르고, 머리는 두 가닥으로 쪽을 찌고, 똑같은 옷차림으로 가지런히 늘어섰는데, 그들의 몸·머리·손·발 모두가 하얗고 안이 환히 비치는 수정(水晶) 같았다. 얼핏 보니, 그들은 연꽃자리 위아래로 깡충깡충 뛰어 모여서 모두 서로 이마가 땅에 닿게 머리를 숙여 절을 하였고, 하늘 음악이 울려 나오자 하늘에서 갖가지 아름다운 새들이 소리에 맞추어 염불을 하였다. 이어서 온몸에 몇백 가지 빛을 내는 보살 한 분이 눈앞에 나타나는데, 모든 광경이 더할 수 없이 빼어났다.

관세음보살님께서 나에게 알려 주셨다.

"저분이 바로 대요설(大樂說)보살[67]이다. 오늘은 저 보살이 설법을 맡아서 하는 날이라 시방의 붇다들께 절을 올리려고 하는

---

67) 대승보살로, 『묘법연화경』 「견보탑품」에 등장한다.

것이다."

이때 하늘에서 비
가 오듯 갖가지 아름
다운 빛깔의 꽃송이
와 여러 가지 별난 물
건들이 쏟아져 내리

자, 남자아이들은 옷자락에 받아서 담았다. 바로 이어서 하늘
에서 번갯불처럼 수만 가지 빛과 색깔이 번쩍거렸는데, 잠깐이
지만 아름다웠다.

하품하생에는 '언어다라니 집(言語多羅尼堂)'이라는 것이 있
는데, 언어다라니란 보살이 한마디 법을 말하면 모든 중생이

다 알아들을 수 있는 것을 말한다. 듣는 사람이 어떤 사람이건, 복건(福建) 사람이나, 광동(廣東) 사람이나, 해남(海南) 사람이나, 조주(潮州) 사람이나, 상해(上海) 사람이나, 사천(四川) 사람이나[68], 또는 미국 사람이나, 독일 사람이나, 프랑스 사람이나, 소련 사람이나, 일본 사람이나, 어느 나라 어느 지역 출신인가를 따지지 않고, 보살은 오로지 한 가지 말소리를 내면 들리는 것은 바로 자기 말로 들리기 때문에 통역을 쓰지 않고 모두 직접 알아들을 수 있는 것. 이것이 바로 '언어다라니'의 뛰어나고 신기함이다.

하품하생에는 아주 높은 탑이 있는데, '맑게 보는 탑(淨觀塔)'이라 부른다. 이곳 중생들이 탑 꼭대기 층에 가거나 꼭대기 층에서 내려오고 싶을 때 우리 싸하세계처럼 엘리베이터를 타고 오르내릴 필요가 전혀 없다. 그들이 올라가려고 마음만 먹으면 생각하자마자 바로 올라가고, 내려가고자 하면 한 생각에 바로 내려오기 때문이다. 그들의 몸은 앞에서 본 바와 같이 속이 환히 비치고 걸림이 없어 어느 곳이든 담과 벽 같은 곳도 한 번 생

---

68) 중화인민공화국에서는 이런 여러 지방의 사투리가 너무 심해 서로 알아듣지 못할 정도이다. 베이징(北京) 주위 화북(華北) 지방 말을 표준어로 만들어 쓰는데, 보통화(普通話)라고 한다. 홍콩에서는 광둥어를 쓰기 때문에 보통화를 모르는 사람들을 위해 영화나 텔레비전 화면 아래 한자 자막이 들어가는 경우가 많다.

각만 하면 통과하고, 아무것도 부딪치거나 막히지 않는다. 설령 몇백, 몇천, 몇만의 사람들이 한곳의 한꺼번에 모인다고 해도 서로 부딪치거나 붐비지 않는다. 그들은 사람 같은 몸뚱이(물질)가 없고, 몸이 속까지 환히 비치고, 막힘이 없기 때문이다.

'맑게 보는 탑'은 대단히 커서 그 안에서는 무엇이든 다 볼 수 있고, 모든(十方) 세계의 경계를 비추어 낼 수 있다. 이곳에 가면, 보기를 들어 우리 싸하세계 지구를 보고자 할 때 눈길을 멀

리 두고 보면 모래알 하나만큼 크기로 보이고, 해를 봐도 마찬가지로 모래알만 하다. 하지만 만일 그 가운데 어떤 모습을 뚜렷하게 보려고

하면, 보기를 들어 아시아를 보겠다고 생각하면 눈길이 그에 따라 커지면서 바로 아시아가 뚜렷한 영상으로 나타난다.

중화인민공화국을 보려 하거나, 만리장성을 보려 하거나, 복건성(福建省)을 보려 하거나, 더 나아가 그 가운데 한 집이나 그 집 안의 모습을 보려 하면 눈길도 그에 따라가게 되고, 보고자 하는 사물이 커져 뚜렷한 영상이 눈앞에 나타난다.

하품중생(下品中生)에 태어난 사람은 살아 있을 때 늘 좋은 일을 하며 좋은 뿌리(善根)와 복덕(福德)을 많이 쌓았거나, 또는 염불하여 서녘 맑은 나라에 회향한 사람으로, 아미따불 바람(願力)의 도움을 받아 바로 이런 경계에 와서 태어날 수 있다.

하품상생(下品上生)에 태어난 사람은 한층 더 나아가, 살아 있을 때 5계[69]와 8계[70]를 지키고, 적극적으로 좋은 일과 보시를 하고, 수행을 꽤 엄하게 한 사람이 비로소 이곳에 와서 태어날 수 있는 것이다.

---

69) 5계(五戒): 불교 신도인 선남선녀들이 지키는 5가지 계행. 곧, ①죽이지 말 것, ②훔치지 말 것, ③사음하지 말 것, ④거짓말하지 말 것, ⑤ 술 마시지 말 것.

70) 8계(八戒): 팔관재계(八關齋戒)의 준말로, 출가하지 않은 신도가 일정한 날 하룻밤, 하루 낮 동안 지키는 8가지 계율. 앞에서 본 5계에 3가지 계를 더한 것인데, 곧 ⑥꽃다발을 쓰고 향을 바르고 노래를 즐기거나 구경하지 말 것, ⑦높고 넓고 크고 잘 꾸민 평상에 앉지 말 것, ⑧때 아닌 때(낮 12시 이후) 먹지 말 것.

이런 곳을 다 보고 난 뒤 관세음보살께서 시간이 많지 않다고 말씀하셨다. 그래서 나를 데리고 한 층을 더 올라가 중품중생(中品中生) 연꽃못을 가서 둘러보기로 하였다.

7장

중품연꽃(中品蓮花)

- 평범한 사람과 성인이 함께 사는 곳

우리들은 하품 연꽃을 나와 이전처럼 다라니를 외니, 몸이 비행기를 탄 것처럼 하늘 높이 떠올랐고, 얼핏 보니 눈부신 다락집과 뾰족탑들이 수없이 우리 눈앞을 스쳐 지나갔다. 이때 나는 갑자기 내 몸이 조금씩 커지는 것을 느꼈다. 왜냐하면 중품 중생의 연꽃못에 있는 연꽃은 크기가 중국의 한 성(省)과 맞먹는 700~800리(350~400㎞)쯤 되기 때문이다. 우리가 싱가포르에서 쿠알라룸푸르까지 간다고 해도 180리(90㎞)밖에 되지 않으니, 700~800리라면 거의 태국 중부에 이르는 거리와 맞먹는다. 이처럼 연꽃이 엄청나게 크니 이곳에 태어난 이들의 몸꼴과 키도 그에 알맞게 커서, 연꽃의 크기와 정비례하는 것이다. 말할 것 없이 이곳 궁전과 집도 이곳에 사는 중생을 받아들일 만큼 더 높고 크다.

    관세음보살께서 나에게 말씀해 주셨다.

    "중품중생(中品中生)[71]은 일반적으로 보통 사람과 성인이 함께 살기 때문에 사부대중(四部大衆)이 모두 있어, 출가한 비구, 비구

니도 있고, 집에서 수행
한 선남선녀(男女居士)[72]
도 있다. 이곳에 태어난
사람은 하품 연꽃에 태
어난 중생보다 한층 더
뛰어난 사람들이다. 그

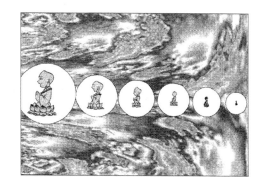

들은 살아 있을 때 모두 삼계[73]를 벗어나겠다는 생각으로 싸하
세계에서 부지런히 닦고 힘써 익혔으며, 스스로 닦는 일 이외에
불교 사업에도 적극 나서 땅과 하천을 크게 고쳐 만들거나 절
을 세우고, 또는 많은 경전을 펴내거나 불법을 널리 펴는 일들
을 하였다. 아울러 좋은 일과 보시를 하고 계율을 엄하게 지켰
으며, (중생들에게) 즐거움을 주고(慈)·괴로움을 없애 주고(悲)·함
께 기뻐하고(喜)·모두 똑같이 대하였으므로(捨)[74] 목숨이 다할
때 서녘(극락)의 세 성인(三聖)[75]이 이끌어 주어 중품중생 연꽃못

---

71) 원문에 '중품중생(中品中生)'이라고 되어 있으나, 나중에 '그들의 수행에 깊고 얕음이 있어서
    상·중·하 3등급으로 나누어진다(他們的修持 各有深淺, 故亦分為上·中·下三等)'고 한 것을 보면
    '중품중생(中品衆生)'이라고 볼 수도 있다. 그러나 여기서는 원문에 충실하기 위해 그대로 옮겼
    다. 한어(漢語)에서는 '중(中)'과 '중(衆)'의 발음이 같다. 읽는 이들이 이점 살펴 생각하기를 바
    란다.
72) 선남선녀(善男善女): 원문에는 남녀거사(男女居士)로 되어 있다. 중화인민공화국에서는 집에
    서 수행한 붇다 제자를 남자, 여자 모두 '거사(居士)'라고 부른다.
73) 삼계(三界): 중생이 끊임없이 나고 죽는 욕망 있는 세계(欲界). 욕망은 없지만 모습이 있는 세
    계(色界), 욕망도 모습도 없는 세계(無色界) 같은 3가지 세계를 말한다.
74) 자(慈)·비(悲)·희(喜)·사(捨)의 4가지를 4가지 그지없는 마음(四無量, apramāṇa)이라고 한다.
75) 아미따불과 양쪽에서 붇다를 모시는 관세음보살과 대세지보살을 말한다.

에 와서 태어난 것이다. 다만 그들의 수행에 깊고 얕음이 있어서 상·중·하 3등급으로 나누어진다."

우리는 곧 대전(大殿)에 이르러 여러 보살을 찾아뵙고 엎드려 절을 올린 뒤, 관세음보살은 바로 나를 데리고 연꽃못을 보러 갔다. 아! 중품 연꽃못은 하품에서 본 다른 연꽃못과 견주어

볼 때 몇 배가 될지 모를 정도로 장엄하고 뛰어났다. 사방 둘레는 모두 7가지 보배로 쌓았고, 연못 속 연꽃의 무늬는 더할 나위 없이 우아하고 아름다웠으며, 게다가 갖가지 찬란한 빛을 내 서로 어울려 비치고 있어 참으로 아름답고 눈이 부셔 무어라고 표현할 수가 없을 정도였다.

더욱 신기한 것은 연못 안에 있는 연꽃의 꽃잎이 특이하게 아주 여러 층으로 나뉘어 있고, 각 층에는 모두 정자·다락집·보탑(寶塔) 같은 것이 열몇 가지 색깔의 빛을 내고 있어 아름답기 그지없고, 경치가 더할 나위 없는 감동을 주었다. 연꽃 위에 살고 있는 사람들의 몸은 붉은빛을 띤 금빛으로 안이 환히 들여다보이고, 빛을 내고 있었다. 그들의 옷은 모두 똑같은 차림으로, 나이는 스무 살 안팎쯤 되어 보이고, 단 한 명의 아이나 늙은이도 보이지 않았다.

이때 나 스스로를 보니, 뜻밖에 언제 바뀌었는지 모르지만, 그들과 똑같은 모습이 되어 있었다. 그러나 관세음보살께서는 본디 모습을 그대로 지니고 있었다.

나는 관세음보살님께 여쭈어보았다.

"왜 이곳에 있는 물건들은 모두 빛을 내고, 빛깔을 내려 하면 어떤 빛이든지 다 낼 수 있으며, 내 몸도 그들과 같이 바뀌는 것입니까?"

관세음보살께서 대답해 주셨다.

"이 모든 것은 아미따불의 위신력 때문에 생긴 것으로, 무엇이나 다 반사하여 비칠 수 있고 빛을 낼 수 있다. 아미따불은 그지없이 밝고 환한 빛을 내기 때문에 여기까지 미치어 마침내 이런 모습으로 바뀐 것이다. 네 몸이 바뀐 것도 마찬가지로, 바로 아미따불의 위신력이 그렇게 만든 것이다. 연꽃못 안에서는 경계마다 각각 그 옷차림이 모두 같다. 스스로 가지고 있는 신통력으로 따로 갖가지 모습으로 바뀔 때를 빼놓고는 모두 하나로 통일되어 있다."

이어서 관세음보살께서 넌지시 말씀해 주셨다.

"중품 연꽃못에도 빛깔이 어둡고 빛이 나지 않는 다락집이 있다. 그러나 이것은 결코 극락세계의 실제 모습이 아니고, 이곳에 태어난 사람들의 헛된 생각에서 생긴 것으로 꿈과 곡두(幻) 같은 덧없는 경계이다."

이런 이야기를 하고 있는데, 눈앞에 바로 빛을 내지 않는 다락집이 한 채가 나타났다. 주위 일대에는 널찍한 꽃동산이 있어 갖가지 꽃  이 활짝 피어 아름다움을 다투고 있고, 새들은 나무 위를 나르며, 지저귀는 이 한 폭의 그림 같은 정경은 인간 세상에서 재산이 넉넉하고 지위가 높은 사람의 으리으리한 집과 조금도 다름이 없었다. 이 집에는 큰 마루 위에 3가지 보배(三寶)[76]를 모시고 어버이·형제·누이·친족들이 모두 한 집에 모여 염불을 닦고 있는데, 20명 남짓한 남자와 여자, 늙은이와 어린이 모두 아주 경건하고 성실한 불교 신도들이었다.

이때, 관세음보살께서 나에게 알려 주셨다.

"이 집 사람들은 베풀기 좋아해, 남에게 즐거움을 주고(慈)·괴로움을 없애 주고(悲)·함께 기뻐하고(喜)·모두 똑같이 대하였기

---

76) 3가지 보배(三寶, triratna): 불교도가 존경하고 이바지(供養)해야 할 붇다(佛寶), 붇다의 가르침(法寶), 붇다의 가르침에 따라 수행하고 있는 집단인 쌍가(僧寶)를 말한다.

(捨) 때문에 이미 중품중생에 와서 태어났는데, 아직 옛날의 은혜와 사랑을 끊어 버리지 못하고 늘 인간 세상의 일을 생각하고 있어서 한 집안 사람들의 살아가는 모습이 모두 여기서 되비쳐 살아나는 것이다."

관세음보살께서 (또) 말씀하셨다.
"9품 연꽃은 아래서 위로 한 품(品), 한 품(品)씩 올라가는데, 하품(下品) 수행을 잘하면 연꽃이 중품(中品) 연꽃못으로 옮겨 심어진다. 이런 정황은 바로 참선과 같아, 초선(初禪)을 마치고 2선(二禪)으로 들어가고, 2선을 마치고 3선(三禪)으로 들어가고, 3선을 마치고 4선(四禪)에 들어가는 것과 같은 이치이다."

갑자기 허공에서 종소리가 울리자, 그 다락집은 바로 자취 없이 사라지고 모두 스무 살쯤 되는 젊은 사람으로 바뀌었는데, 다 같이 몸은 붉은빛을 띤 금색이고 안이 환히 비치며, 옷차림도 모두 똑같았다. 사람 수는 점점 늘어나 헤아릴 수 없게 되고, 아주 큰 모임이 이루어졌다.

관세음보살께서 말씀하셨다.
"오늘은 대세지(大勢至)보살과 상정진(常精進)보살이 법화경(法華經)을 가르치는데, 가서 들어 보겠느냐?"

나는 대답하였다.

"저는 묘법연화경(妙法蓮華經)을 가장 좋아합니다. 같이 가서 들어 보겠습니다."

우리는 얘기를 나누면서 모임 장소의 강단 있는 곳으로 갔다. 강단 위는 둘레가 모두 그물이 쳐져 있는데, 무지개 같고 구슬 같은 수천 가지 빛이 나며, 그 빛발이 사방으로 뻗어 나갔다. 양쪽 곁에는 7줄로 된 큰 나무들이 하늘 끝까지 높이 치솟아 있는데, 나무 속에도 정자와 다락집이 있고, 수많은 보살이 그 위에 모여 묘법연화경을 듣는다. 강단은 7가지 보석과 금은으로 꾸며졌는데, 높이가 몇 길이나 되는지 알 수 없고 대단히 장엄했다. 관세음보살께서 나를 데리고 강단 위로 올라가 내가 두 분의 보살님께 절을 하며 예를 드렸더니, 두 분이 나를 옆자리에 앉도록 하였다.

대세지보살께서 의장 자리에서 강의를 진행하고 계셨다. 이때, 어디서 나오는지 알 수 없는 향불 연기가 맴돌며 피어올라 아주 맑고 향기로웠고, 하늘에서 은은하고 감동적인 하늘음악이 울리자, 수많은 아름다운 새들이 그 음악에 맞춰 노래하고 춤을 추었다.

모두 절하여 예를 표한 뒤, 대세지보살께서 일어나 경전 강의 시작을 알리고, 이어 상정진 보살께서 법사 자리에 나아가 모두를 향해 예를 갖춘 뒤 말씀을 이어 갔다.

"묘법연화경은 화장세계(華藏世界)[77] 모든 붇다의 근원이고 붇다를 이루는 본바탕이니, 무릇 성불을 하고자 하는 이는 반드시 이 경전을 배워야 합니다. 지난번 한 차례는 첫 번째 절(節)에서 '묘법연화경이란 무엇인가'와 '묘법연화경은 한량없는 보배다'에 관한 것을 설명했고, 오늘은 두 번째 절인 '묘법연화경의 구실'입니다…"

어림잡아 한 시간 안팎 말씀하셨다.

나는 그 경문을 들은 뒤 마음속에 의문이 하나 생겼는데, 바로 여기서 강의한 묘법연화경은 인간 세상에 있는 묘법연화경 내용의 구절과 다르다는 것이다. 그래서 나는 이 의문에 대해 관세음보살님께 가르침을 청했다. 관세음보살께서 풀이해 주셨다.

---

77) 화장세계(華藏世界): 연화장세계(蓮華藏世界)의 준말. 석가모니의 진신(眞身)인 비로자나불의 정토이다. 이 세계의 맨 아래 풍륜(風輪)이 있고 그 위에 향수해(香水海)가 있는데, 그 가운데 하나의 큰 연꽃(蓮華)이 있다. 바로 이 큰 연꽃에 속해 있다고 해서 연화장이라고 하며, 수많은 세계가 20겹으로 겹쳐 있는 가운데 세계를 중심으로 111개의 세계가 그물과 같이 둘러싸인, 넓고 크고 가없는 세계이다.

"인간 세상에 있는 묘법연화경 내용은 쉬운 편이지만, 여기서 가르치는 경문은 더 깊이 들어가는 편이다. 비록 깊고 얕은 차이는 있지만 속뜻은 한 가지로, 이렇게 설명할 수 있다. 나한은 보살의 경계를 모르고, 보살은 붇다의 경계를 모른다. 네가 들은 보살의 경전 강의에서 보살은 한 가지 말로만 설했지만, 천몇백 가지 말을 쓰는 듣는 이들에게는 모두 스스로 쓰는 언어로 들리게 되는 것이니, 이것이 바로 '언어다라니삼매(言語多羅尼三昧)'라는 것이다."

상정진 보살께서 경전 강의를 마치자, 눈 앞에는 한 폭의 헤아릴 수 없는 신기한 경계가 나타났다. 문득 보니, 하늘에서 수많

은 하늘꽃(天花)과 보물이 흩날리며 내려오는데. 둥근꼴, 세모꼴처럼 모두 달라 하나도 같은 것이 없었다. 금빛 찬란한 길처럼 뿌려지자, 강단 아래 있던 청중들은 쉴 사이 없이 손을 내밀어 받거나 옷에다 담기도 하였다. 이때 하늘음악이 일제히 울려 퍼지며 선인(仙人)의 가락이 아득하게 들려오는데, 그 소리가 어디서 흘러나오는지는 알 수 없지만 매우 장엄하였다. 갑자기 강단

아래 있던 몇천, 몇만의 붉은 옷을 입은 청년들이 몸을 한 번 흔들자 모두 초록빛 옷을 입은 아가씨의 모습으로 바뀌어 연분홍빛 치마 위에 금빛 허리띠를 차고 훨훨 나는 듯 춤을 추는데, 기쁨과 즐거움이 견줄 바가 없었다.

조금 뒤, 그들은 다시 공처럼 둥근 연꽃으로 바뀌고, 저마다 각기 다른 아름다운 빛깔을 드러내며 갖가지 빛들을 사방으로 환하게 비치자, 한 사람의 그림자도 볼 수 없게 되었다. 갑자기 연꽃 위에 단정하게 앉은 보살의 모습이 나타나고, 이어서 수많은 금탑 은탑으로 바뀌어 환한 빛이 사방으로 비추니, 사방 둘레가 말로 나타내기 어려울 만큼 아름답고 장엄하게 바뀌었다.

정신없이 바라보고 있는 사이에 갑자기 텅 빈 공중에서 초록빛 옷을 입은 몇백 명의 아가씨들이 한꺼번에 매우 빠르게 내려와 대전에 부딪히더니 담과 벽을 꿰뚫고 지나가는데, 마치 공기 속을 지나가는 것같이 아무런 걸림이 없었다.

나는 깜짝 놀라 관세음보살님께 이것이 무슨 현상이냐고 여

쭈었더니, 관세음보살께서 말씀하셨다.

"극락세계는 바로 아미따불의 원력(願力)으로 이루어졌기 때문에 그 성질은 물질이 아니다. 그러므로 정자, 다락집, 궁전, 보탑, 자연 경치, 꽃과 나무 같은 것이 모두 안이 환히 비치고, 물질이 아니기 때문에 아무런 막힘없이 마음대로 오갈 수 있다. 못 믿겠으면 너도 가서 한번 부딪쳐 보아라."

나는 말씀하신 대로 대전을 둘러싼 담 옆으로 뛰어가서 큰 기둥이나 난간 같은 곳을 모두 부딪쳐 보면서 나고, 들고, 뚫고 들어갔

다 뚫고 나와 보았는데, 말 그대로 아무런 걸림이 없었다. 다만 손으로 만져 보면 마치 실제 물체가 있는 것 같지만, 걸리거나 막히는 것은 없었다. 이런 현상은 오히려 물을 만지는 것과 같아, 만져 보면 확실히 물체가 있는 느낌이 들지만 마음대로 뚫고 갈 수 있는 것과 마찬가지다.

이어서 관세음보살께서는 나를 데리고 가서 두 가지 기묘하고 특이한 광경을 보여 주었는데, 바로 여덟 가지 큰 경치의 산(八大景山)과 꽃 나라 전람관(華藏世界展覽舘)이었다

○ 8가지 큰 경치의 산(八大景山)

중품하생(中品下生)에는 보통 헛된 생각(妄想)이 적은 편이거나 헛된 생각이 없는 사람이 태어난다. 그들의 겉모습은 모두 16~20살 사이이고, 같은 옷을 입고 남녀 구분이 없다. 그들의 행동도 모두 함께하는 것으로, 날마다 시방(十方)[78]에 계신 붇다에게 이바지를 올린다. 그곳 연꽃은 등급이 높은 편이고, 갖가지 빛깔이 모두 나서 하품 연꽃과 견주어 보면 뛰어난 점이 훨

---

78) 시방불(十方): 동서남북과 그 사이의 4방위(間方), 그리고 위와 아래를 통틀어 10곳의 방향. 곧 시방(十方)이라 하는데, 결국 빠짐없이 가득한 온 우주 법계를 말한다.

씬 더 많다.

이곳에는 '8가지 큰 경치의 산(八大景山)'이 있는데, 여기서 말하는 '8가지 큰 경치(八大景)'란 우리의 8가지 의식(八識)을 대표하는 것이다. 바로 눈·귀·코·혀·몸·생각[79]·마나스식[80], 알라야식[81]을 말하는데, 이것을 모아서 8가지 의식(八識)으로 이루어진 마음 밭(心田)이라 부른다.

아미따불께서 이 8가지 큰 경치의 산을 세운 것은 이곳에 태어난 사람들이 자신의 8가지 의식(八識)인 마음 밭(心田)을 닦아 모두 '공(空)'까지 이르게 하기 위한 것이다.

---

79) 6식(六識, 6 vijñāna): 유식론(唯識論)에서 마음(心)을 8가지 식(識)으로 나누어 설명하고 있다. 그 가운데 눈(眼)·귀(耳)·코(鼻)·혀(舌)·몸(身)·생각(意)을 6식(六識)이라고 한다. 6식은 또 눈·귀·코·혀·몸의 5가지를 전5식(前五識)이라 하고, 생각(意)만 떼어서 6식이라고도 하는데, 이 6식이 우리가 흔히 말하는 의식(意識)이다. 눈·귀·코·혀·몸의 5가지 전5식이 대상을 감지하고 정보를 들여오면, 6식인 의식(意識)은 그 정보를 즐거움(樂)·괴로움(苦)·괴롭지도 즐겁지도 않음(不苦不樂)이란 3가지 기준을 가지고 따로따로 갈라내는 작용을 한다. 전5식은 반드시 대상인 5경(五境)을 만나야만 마음 작용이 일어난다. 다시 말해, 연줄이 생겨야 작용한다. 그러나 6식인 의식은 대상이 없어도 항상 나타난다. 다음에 나오는 알라야식 안에 저장된 기억 흔적인 씨앗(種子)들을 짜 맞추어 마음 작용을 일으키기 때문이다.

80) 마나스식(末那識, manas): 의식(意識) 다음인 7번째 식(七識)인데, 생각하여 헤아리는 것(思量)이 으뜸 된 임무로, 6식이 분별한 것을 자기에게 좋은 것인가 나쁜 것인가를 판단하여 행동의 기준을 만든다. 아상(我相)과 법상(法相)을 마치 실체인 것처럼 집착을 일으켜 스스로 아상이 되고, 세상 모든 것을 법상으로 세워 작용하게 한다. 7식인 마나스식은 자신에게 주어진 견분(見分)이란 책무를 위해 나·내 가족·내 나라·내 직장 따위에 집착하여 유지하려 한다. 이것이 곧 아집이다. 아집은 네 가지 번뇌, 곧, 아만(我慢), 아견(我見), 아치(我癡), 아애(我愛)로 구체화된다.

81) 알라야식(阿賴耶識, ālaya): 알라야식(藏識, 異熟識, 一切種子識)은 인식과 생각을 통합하여 조절하는 더 넓은 영역으로, 모든 것을 저장하고 발현시킬 수 있으며, 영원히 소멸하지 않는 마음자리이다.

✽ 첫째 경치의 산(第一景山)

첫 경치의 산은 '밝은 빛 경치의 산(光明景山)'이라 부르며, 우리의 '안식(眼識)'을 대표한다. 이 산속에서는 시방세계의 모든 것을 다 눈으로 볼 수 있다. 보기를 들어, 싸하세계 아무개 중생의 전생(前生)과 과거 생의 삶이 어떠했는지 보고자 하면, 그 아무개 중생의 전생은 돼지였고, 둘째 전생은 종(奴婢)이었고, 셋째 전생은 부자였고, 넷째 전생은 황제·장군·재상이었던 것 따위를 모두 하나하나 다 볼 수 있으며, 나중에는 다른 붇다 나라의 모습도 한 번 척 보아 대뜸 알 수 있도록 환하게 볼 수 있다.

✽ 둘째 경치의 산(第二景山)

'소리를 듣는 경치의 산(聲聞景山)'이라 부르며, 우리의 '이식(耳識)'을 대표한다. 이 산에 이르면 귀로 시방세계의 모든 소리를 들을 수 있고, 듣기만 하면 바로 돌아가는 형편을 헤아려 알 수 있으며, 나중에는 붇다가 강의하시는 어떤 경전이라도 모두 들을 수 있고 이해할 수 있다.

✽ 셋째 경치의 산(第三景山)

'냄새를 맡는 경치의 산(昧芳景山)'이라 부르며, 우리의 '비식(鼻識)'을 대표한다. 이 산속에서는 시방세계의 어떠한 냄새도 다 맡을 수 있으며, 코에 냄새를 맡기만 하면 바로 그 내용을 헤아려 알 수 있는데, 만일 아이를 밴 부인의 냄새를 맡으면 바로 뱃속 아이가 사내인지 계집인지 알아낼 수 있고, 쇠붙이 냄새를 맡으면 바로 금인지, 은인지, 구리인지, 쇠인지 알아낼 수 있다.

* 넷째 경치의 산(第四景山)

'말소리 경치의 산(音聲景山)'이라 부르며, 우리의 '설식(舌識)'을 대표하는데, 시방세계의 입에서 나오는 말소리는 위로는 붇다 나라에서 아래로는 지옥의 말소리까지 모두 알아들을 수 있다.

* 다섯째 경치의 산(第五景山)

'금빛 몸 경치의 산(金身景山)'이라 부르며, 우리의 '신식(身識)'을 대표한다. 이 산속에서는 살갗에 닿아 받는 느낌으로 모든 일과 물건을 헤아려 알아낼 수 있는데, 시방세계와 싸하세계의 금빛 몸(金身)과 32가지 모습(三十二相)[82]을 비롯하여 어떠한 모습이라도 다 알아낼 수 있다.

* 여섯째 경치의 산(第六景山)

'생각 속 경치의 산(意識景山)'이라 부르며, 우리의 '의식(意識)'을

---

82) 금빛 몸과 32모습은 붇다를 뜻하는 것이다.

대표한다. 이 산속에서는 수없는 여러 붇다를 볼 수 있고, 그 붇다들이 각 생애 동안 닦은 수행이 모두 생각 속에 나타나며, 스스로의 수많은 전생을 100세, 1,000세의 모습까지도 눈앞에 비추어 볼 수 있다.

* 일곱째 경치의 산(第七景山)

'한꺼번에 드러나는 경치의 산(濟明景山)'이라 부르며, 사람들의 일곱째 식(識)인 '마나스식(末那識)'을 대표하는 것이다. '마나스식'은 매우 뛰어난 경계로, 위에서 말한 여섯 가지 경치(六景)가 한꺼번에 일어난다. 다시 말해, 보고 싶고, 듣고 싶고, 맡고 싶고, 맛보고 싶고, 느껴 보고 싶고, 생각하고 싶은 것들이 모두 함께 나타나는 것이다.

* 여덟째 경치의 산(第八景山)

'가없는 경치의 산(無邊景山)'이라 부르며, 우리의 여덟째 식(識)인 '알라야식(阿賴耶識)'을 대표한다. 이 경계는 허공에 두루 퍼져 있는 과거·현재·미래 3세(三世)와 시방 법계(十方法界)에 있는 모든 것을 다 비추어 볼 수 있다.

σ 꽃나라(華藏世界) 전람관

중품중생(中品中生)의 연꽃에 태어난 사람들은 살아 있을 때 싸하세계에서 불법에 대한 인식과 수행이 꽤 깊고 두터운 사람들이다. 아울러 남에게 좋은 일을 하고 재물과 불법을 베푸는 일도 그야말로 온 힘을 다해 어지간히 큰 성과를 거둔 사람들이다. 이로 말미암아 큰 좋은 뿌리(善根)를 이루어 중품중생에 태어난 사람들이기 때문에 수행이나 겹쳐 쌓은 공덕이 모두 중품하생과 견주어 한 단계 더 높다.

중품중생 경계에는 아주 많은 집과 탑들이 있는데, 말할 것 없이 이곳 사람들의 몸집은 크고, 또한 중품하생과 견주어 더 뛰어나기 때문에 집이나 탑도 이에 걸맞게 더욱 높고 더욱 크다. 중품중생에서는 날마다 하늘에서 내리는 꽃이 있어, 이곳 중생들은 하루하루 그 하늘에서 내리는 꽃을 받아 시방의 붇다에게 공양한다. 이 꽃은 아주 뛰어나고 매우 아름다워 싸하세계의 꽃을 견주어 보면 만에 하나도 미치지 못할 정도이다. 아울러, 하늘에서 울려 퍼지는 음악도 아주 대단히 아름답고 뛰어나 글로는 어찌 표현할 수가 없다.

불교 경전에는 이렇게 말하고 있다.

"일반 세상의 제왕이 만 가지 음악을 가지고 있지만 전륜성

왕(轉輪聖王)[83]의 갖가지 음악 가운데 한 음(音)이 갖는 아름다움
의 백천만 분의 일에도 미치지 못한다. 또 전륜성왕의 만 가지
음악은 서른셋 하늘나라(忉利天)의 갖가지 음악 가운데 한 소리
가 갖는 아름다움의 백천만 분의 일에도 미치지 못하고, 서른
셋 하늘나라 왕(忉利天王)의 만 가지 음악은 여섯째 하늘(他化自
在天)[84] 임금의 갖가지 음악 가운데 한 음이 갖는 아름다움의

---

83) 전륜성왕(轉輪聖王): 수미산(須彌山) 4주(四州)를 다스리는 임금이다. 몸에 32상을 갖추고 하
늘에서 금, 은, 동, 철의 4가지 보물수레(輪寶)를 얻어 이를 굴리면서 사방을 위엄으로 굴복하
게 하여 천하를 다스리는 인도 신화 속의 임금.
84) 여섯째 하늘나라 임금(第六天王): 욕망 있는 세계(欲界)의 여섯 하늘나라 가운데 가장 위에
있는 '남의 기쁨을 내 것으로 삼는 하늘나라(Para-nirmita-vaśa-vartin, 他化自在天)'를 말한
다. 산스크리트로 빠라-니르미따-바사-바르띤(Para-nirmita-vaśa-vartin)은 '남이 주는 기쁨
을 끊임없이 즐김(constantly enjoying pleasures provided by others)'이라는 뜻이다. 한문
경전에서는 타화자재천(他化自在天)·타화락천(他化樂天)·타화천(他化天)이라고 옮겼는데, '남
의 기쁨을 내 것으로 삼는 하늘나라'라는 뜻이다. 전재성의 『빠알리-한글사전』에는 '다른 신
들이 창조한 것을 누리는 신들의 하늘나라(Para-nimmita-vasa-vattin)'라고 옮겼다.

백천만 분의 일에도 미치지 못한다. 그리고 여섯째 하늘나라 왕(他化自在天王)의 만 가지 음악은 아미따불 나라의 7가지 보배로 된 나무에서 나는 한 소리가 갖는 아름다움에도 미치지 못한다."[85]

중품중생의 사람들은 몸에 빛이 나고, 좀 누른빛을 띤 붉은 빛이고 속까지 환히 비쳐 걸림이 없다. 그러므로 찰나에 여러 붇다나라에 가서 시방 붇다에게 공양하고 찰나에 본디 있던 곳으로 돌아올 수 있다. 살아 있을 때 아주 큰 공덕이 없는 사람은 이곳 중생이 될 수 없다. 중품중생의 지위(果位)에 다다른 중생은 헛된 생각(妄想)이 적거나 전혀 없기까지 하다. 그들은 먹고 싶은 것도 적어 중품하생에서 꿀떡을 먹는 것과는 다르다. 그들은 수행한 정도가 크게 높아서 이미 근본적으로 이런 것이 필요 없는 경지에 이른 것이다.

---

85) 『무량수경(無量壽經)』 상권에서 붇다가 아난에게 말씀하신 것을 더 자세하게 표현하였다. 『무량수경(無量壽經)』에는 이렇게 되어 있다. "일반 세상의 제왕들도 백천 가지 음악을 가지고 있고, 전륜성왕에서 여섯 번째 하늘(六天)에 이르기까지 모두 연주와 음악을 가지고 있는데, 올라갈수록 천억만 배씩 더 뛰어나다. 그런데 무량수불 나라에 있는 여러 일곱 가지 보배나무에서 나오는 한 가지 음악이 여섯 번째 하늘의 만 가지 음악보다 천억 배나 더 뛰어나다. 자연에서 울리는 연주와 음악도 수없이 많은데, 모두 설법하는 소리가 아닌 것이 없고, 맑고, 즐겁고, 구슬프고, 밝고, 야릇하고, 묘하고, 아늑하고, 점잖아 시방세계 음악 가운데 가장 으뜸이다."

중품중생에는 '꽃나라(華藏世界) 전람관'이란 곳이 있는데, 이 전람관 안에는 불보살님들의 여러 가지 수행 방법들을 다 볼 수 있어, 그야말로 '모든 것을 다 갖춘 곳'이라고 할 수 있다.

'꽃나라 전람관' 안에는 한 층, 한 층, 층마다 모두 한 붇다가 성불하는 모든 과정이 펼쳐진다. 보기를 들어, 아미따불의 전생은 어떤 사람(법장비구, 法藏比丘)이었고, 그의 스승은 누구(세자재왕여래, 世自在王如來)였고, 그가 일찍이 어떠한 법을 닦고 어떤 발원을 하였고, 또 그 이전 세상에서는 무엇이었는지, 더 나아가 붇다가 되기 전 100생, 1,000생의 모든 사정과 형편을 남김없이 죽 훑어볼 수 있다. 만일 다른 경계를 보고자 하면 다른 층에 가 보면 된다. 보기를 들어, 관세음보살이 도를 이루는 과정과 그가 태어날 때마다 살았던 형편 및 도를 구하는 경과를 볼 수 있고, 사꺄무니[86]불·약사불·보현보살·문수사리보살 같은 불보살이 태어날 때마다 수행한 과정이 모두 이 '꽃나라 전람관' 안에서 볼 수 있으며, 시방 세계의 모든 붇다와 모든 보살의 사정과 형편도 마찬가지다,

---

86) 사꺄무니(Śākya-muni, 🔲Sakya-muni, 釋迦牟尼): 사꺄(Śakya)는 겨레(種族) 이름이고, 무니(muni)는 거룩한 사람(聖者)을 뜻한다. 그래서 사꺄무니(Śākyamuni)는 '사꺄족 출신의 거룩한 사람(聖者)'이라는 뜻이다. 한문으로 그 소릿값을 따서 석가무니(釋迦牟尼)·석가문니(釋迦文尼)·사가야무니(奢迦夜牟尼)·석가무낭(釋迦牟曩)·석가문(釋迦文)이라고 옮겼다.

8장

꽃 피면 붇다 뵙는(花開見佛)
상품연화(上品蓮華)

나는 앞에서 했던 것처럼 다라니를 외며 연꽃을 타고 공중으로 떠올라 출발하였다. 내 몸이 조금씩 커지는 것 같더니, 처음 아미따불을 뵈었을 때와 같은 모습으로 바뀌었다.

　관세음보살님께서 말씀하셨다.
　"상품상생(上品上生)에 태어난 중생은 그들이 싸하세계에 있었을 때 한마음으로 부지런히 불도를 닦았고, 계(戒)를 마치 밝은 구슬같이 깨끗이 지키고, 불교 경전을 자세하게 연구하고, 10가

지 나쁜 짓(十惡)을 끊고 10가지 착한 짓(十善)을 하였다. 스스로 닦는 법문의 내용에 따라 차례대로 닦고 실천하였고, 몸소 겪고 힘써 행하며 10년을 하루같이 힘차게 정진하여 몸뚱이에서 목숨이 다할 때까지 그치지 않았다. 거기다 살면서 쌓은 착한 일과 보시의 공덕이 다시 더해져 목숨이 다하는 찰나, 바로 이곳 상품 연꽃에 와서 태어난 것이다."

상품상생에 와서 태어난 중생에게 헛된 생각(妄想)은 이미 한 티끌도 없다고 할 수 있다. 6가지 뿌리(六根)가 맑고 깨끗하며, 이미 보살의 경계에 이른 사람도 있어 마음대로 바뀌고 신통력을 즐길 수 있다.

보기를 들어, 보살들은 함께 모여 한 송이 꽃이 되고자 하면 모두 바로 꽃으로 바뀌고, 탑이 되고자 하면 모두 탑으로 바뀌고, 돌이 되고자 하면 모두 돌로 바뀌고, 나무가 되고자 하면 모두 나무로 바뀐다.

상품의 연꽃못에는 가장 작은 연꽃도 (중화인민공화국의) 3개 성(省)만큼 크다. 바꾸어 말하면, 말레이시아 3배만큼 큰 것이다.

관세음보살께서 말씀하셨다.

"이제 너를 데리고 바로 연꽃못에 가서 보도록 하겠다."

우리가 연꽃못에 다다르니, 상품의 연꽃못은 확실히 다른 곳과 달랐다. 연못의 둘레는 중·하품과 견주어 훨씬 우람하고 위엄이 있었다. 한 겹 한 겹 난간으로 둘러싸여 있고, 갖가지 색깔의 빛을 내고 여러 가지 맑은 향기를 내뿜고 있었는데, (모두) 연꽃 속에서 넘쳐 나오고 있는 것들이었다. 연못 한가운데 있는 보석으로 된 큰 탑은 마치 높은 산 같은데, 탑은 여러모꼴(多角形)이고 천만 가지 빛을 내고 있었다.

못에는 아름다운 다리가 있는데, 못의 크기가 넓어서 머리와 꼬리가 보이지 않았다. 못 안에는 연꽃만 활짝 핀 것이 아니라 온갖 풍경이 펼쳐져 있다. 하늘에는 양산(日傘)과 구슬 꽃들이 번쩍번쩍 빛을 내고, 연꽃은 몇 층이나 되는지 그 수를 헤아릴 수 없는데, 각 층 안에는 모두 보탑·정자·다락집이 있어 아름답고 감동적이었다. 연꽃 위에 사는 사람들은 온몸이 황금빛으로 안이 환히 비치고, 옷은 매우 아름다우며, 갖가지 색깔의 빛을 쏟아 내고 있었다.

갑자기 관세음보살께서 나에게 이렇게 물었다.

"이 안에 인광(印光) 법사[87]라는 분이 있는데, 알고 있느냐?"

나는 서둘러 대답했다.

"어디 계십니까? 그분의 높은 이름은 이미 오래전부터 알고 있었지만, 아직 뵌 적은 없습니다."

이 이야기를 하는 사이, 연꽃 속에 서른 살쯤 된 분이 보이더니 갑자기 인광 법사의 본디 모습으로 바뀌어 나타났다. 우리는 서로 만나 몹

---

87) [원문 주] 근대 중화인민공화국의 3대 고승(高僧) 가운데 한 분.
    [옮긴이 주] 인광 법사에 대해서는 각주 49)에서 자세하게 설명하였음.

8장 꽃 피면 붇다 뵙는(花開見佛) 상품연화(上品蓮華)   177

시 기뻐하며 인사를 나눈 뒤, 끊임없이 많은 이야기를 나누었다. 많은 이야기를 나누었기 때문에 잊어버린 것도 있지만, 두 세 번 거듭 당부하신 말씀은 아직도 기억하고 있다.

"인간 세상으로 돌아간 뒤 함께 수행하는 여러분들에게 계(戒)를 스승으로 삼아 꼼꼼하게 계율을 지키고, 한마음으로 염불하며 믿음(信)·바람(願)·염불(行)을 갖추면 반드시 (극락) 가서 태어난다는 것을 의심하지 말라고 전해 주십시오. … 수행자들에게 권하고 싶은 것은 스스로 똑똑하다고 믿고 붇다가 정하신 계율과 조사들이 만든 것을 제멋대로 뜯어고치면 절대로 안 된다는 것입니다. 낡은 것을 버리고 새로운 것을 세운다고 앞장서 부르짖으면서 예법에 맞는 몸가짐과 계율을 어기고 있으니, 참으로 사람들의 마음을 아프게 하고 있습니다. …"

우리는 함께 연꽃대(蓮臺)로 왔고, 나를 큰 다락집으로 데리고 갔다. 지나는 길에는 갖가지 신기한 새들이 금으로 된 가지와 옥으로 된 잎에 앉아서 노래하고, 이에 어울려 하늘음악이 울리는 가운데, 우아하고 아름다운 갖가지 염불 소리가 은은하게 들려왔다. 곳곳마다 활짝 핀 아름다운 꽃의 맑은 향기가 코에 스치는데, 둥근 공 같은 갖가지 꽃들은 은은한 빛을 내고 있었다. 또 구슬등(眞珠燈), 마노등(瑪瑙燈), 유리등(琉璃燈) 같은 갖가지 등을 한 줄 한 줄 알맞게 사이를 띄어 벌려놓았는데, 온갖 빛이 번쩍거려 눈 돌릴 틈이 없을 정도로 아름답기 그지없었다.

　다락집으로 들어서자, 실제 경계가 더욱 뛰어나 나의 마음을 사로잡았다. 다락집은 금빛으로 번쩍이고, 바닥은 갖가지 색을 띤 빛이 나고, 눈앞에 보이는 모든 것은 저마다 찬란한 빛을 내고 있었다. 인광 법사께서는 우리를 데리고 다락집 위로 올라갔다. 다락집 위에는 갖가지 수정 거울이 있는데, 그 가운데 너비가 가장 큰 '스스로를 비추는 거울(照身鏡)'이 하나 있었다. 관세음보살께서 설명해 주셨다.

　"이 거울에는 모든 사람의 제 모습(原形)을 비추어 볼 수 있는데, 본성이 맑고 깨끗한지 아닌지, 헛된 생각(妄想) 있는지 없는지, 비춰 보면 바로 나타난다."

　다락집 위 양쪽에는 의자들을 나란히 차려 놓았는데, 모두 일곱 가지 보석으로 되어 있고, 빛을 내고 있었다. 탁자 위에는 이상한 물건들을 벌여 놓았는데, 내가 보기는 무엇인지 알 수가 없었다. 관세음보살님께서 내가 배가 고프다는 것을 아시고 물으셨다.
　"배가 고프냐?"

나는 실제로 좀 배고픔을 느끼고 있었기에 말씀드렸다.

"여기 무언가 먹을 것이 있습니까?"

관세음보살께서 말씀하셨다.

"이곳의 먹을거리도 하품하생의 형편과 같아 네가 무엇이 먹고 싶다고 생각하면 바로 그것이 나온다."

내가 말씀드렸다.

"그것 참 좋군요. 저는 흰쌀밥과 배춧국이 먹고 싶고, 다른 것은 생각이 없습니다."

말이 떨어지자마자 쌀밥과 배춧국이 모두 내 앞 탁자 위에 놓였다. 나는 여러분께 말씀드렸다.

"여러분들께서는 드시지 않습니까?"

모두 말씀하셨다.

"우리는 모두 평소 음식을 들지 않으니, 어서 드시죠!" 이로써도 알 수 있듯이, 상품상생의 중생은 거의 모두 이미 보살 과위 (果位)[88]를 이루었기 때문에, 음식을 바라는 마음과 헛된 생각이 아주 적거나 아예 없는 것이다. 이에 견주어 나는 스스로를 아주 부끄럽게 생각하며 먹고 또 먹었다. 배불리 먹고 나서 그릇과 젓가락을 탁자 위에 내려놓자마자 그릇과 젓가락이 바로 사라져 버렸다. 나는 관세음보살에게 여쭈어보았다.

"이것이 어떻게 된 것입니까?"

---

88) 수행한 공으로 깨달음을 얻은 지위.

관세음보살께서 대답하셨다.

"그것은 네가 배고프다는 헛된 생각을 하니 바로 밥이 먹고 싶어지는 것으로, 인간 세상에서 꿈을 꾸는 것처럼 꿈을 꿀 때는 무엇이든 다 있지만, 깨고 나면 아무것도 없는 것과 같은 것이다. 네가 먹고 싶다는 헛된 생각을 하니 먹을 것이 오고, 배불리 먹고 나서 먹고 싶다는 헛된 생각이 사라지자, 먹을 것도 따라서 없어진 것이다."

나는 계속 고개만 끄덕이며 그렇다고 했다.

관세음보살께서 덧붙여 말씀해 주셨다.

"자성(自性)이 맑고 깨끗하면 먹고 싶다는 생각이 안 나고, 아무것도 생각하지 않으니 마치 텅 빈 공중과 같아서 한 물건도 없는 것이다. 만일 조금이라도 헛된 생각이 일어나면 바로 마치 텅 빈 공중에 수많은 구름과 안개가 일어나는 것과 같다. 이런 도리는 조금씩 몸소 겪다 보면 그 가운데 삼매를 분명하게 이루게 될 것이다."

상품 연꽃에 태어난 사람들은 헛된 생각이 가장 적어 모두 있는 그대로 모습(眞如)이고, 본디 성품(實性)이라 물러나지 않는 (不退轉) 보살의 과위를 얻었다. 눈 깜짝할 사이에 아미따불의 바람(願力)을 빌어 시방의 붇다들에게 수많은 아름다운 산 꽃(生花)·과일·이바지(供養物)를 올리고, 설법 시간이 되면 천만억 보

살들이 모두 연꽃 위에 단정하게 앉거나 다락집이나 보석으로
된 탑이나 7줄로 늘어선 큰 나무 위에서 직접 아미따불이 설법
하는 목소리를 듣는다.

나는 관세음보살께 여쭈었다.
"지구에서도 꽤 많은 사람이 극락세계에 와서 태어났을 텐데,
왜 그 친족들은 볼 수가 없습니까?"

관세음보살께서 대답하셨다.
"지구에 사는 사람들은 거의 다 헛된 업(業)에 가려 모든 것
을 볼 수 없다. 만일 한마음으로 염불하여 헛된 생각(妄想)이 없
어져 마음이 텅 빈 공중처럼 되면, 지구 사람들도 극락세계를
볼 수 있을 것이다."

나는 그 기회를 틈타 관세음보살께 가르침을 청하고, (수행법
을) 열어 보여 주시길(開示) 간절히 빌며 물었다.
"그러면 어떻게 염불하는 것이 가장 좋고, 수행하여 가장 빨
리 이룰 수 있겠습니까?"
그러자 관세음보살님께서 말씀하셨다.
"선(禪)과 정토(淨土)를 함께 닦아(禪淨雙修) 한마음으로 염불하
고, 염불하면서 참선하는 것을 '정토선(淨土禪)'이라 한다."

저는 바로 그 수행법을 가르쳐 주실 것을 청하며 여쭈었다.

"정토선을 어떻게 닦아야 할지 가르쳐 주십시오."

관세음보살께서 고개를 끄덕이시며 이렇게 가르쳐 주셨다.

"사람들을 두 반으로 나누어 염불하되[89] A반이 '아미따불'을 두 번 염불하면 B반은 소리 없이 (속으로 따라서) 염불(黙念)[90]하

---

89) [원문 주] 이것은 서방정토 중생들이 수행하는 방법임.
90) 소리 없이 (속으로 따라서) 염불(黙念): 원문에 묵념(黙念)이라고 되어 있다. 묵념이란 아무것도 하지 않는 것이 아니라 말없이(소리 없이, 黙) 속으로 염(念)하는 것이다. 실제 정토선 염불을 해 보면, 그냥 듣기만 하는 것과 속으로 소리 안 나게 염불을 따라서 하는 것과는 결과 면에서 크게 차이가 난다. 다시 말해, 염불을 쉬고 듣기만 하는 것이 아니라, 소리는 나지 않지만 속으로 따라서 하므로 염불이 끊이지 않고 계속 이어지는 것이다. 만약 상대가 할 때 듣기만 하는 버릇이 생기면 상대방 염불을 들을 때 망상이 많이 생겨 집중도가 크게 떨어진다. 이점을 중하게 여겨 처음부터 길을 잘 들여야 한다.

며 듣고, 이어서 B반이 아미따불을 두 번 염불하면 A반은 소리 없이 (속으로 따라서) 염불(黙念)하며 듣는다. 이렇게 수행하면 힘들지 않고, 또 염불이 끊어지지 않는다.

귀라는 뿌리(耳根)[91]는 가장 영민하므로 (계속 들으면) 귓속에서 저절로 염불 소리가 나게 되는데, 바로 마음이 염불하는 것이 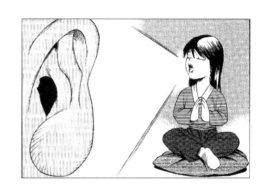다. 마음과 (염불하는) 입이 하나가 되면 불성이 스스로 드러나게 되고, 고요해지면 선정(定)이 생기고, 선정에 들어가면 지혜(慧)가 생기느니라."[92]

---

91) 6식(識)을 낳는 6가지 뿌리(6根), 곧 눈(眼), 귀(耳), 코(鼻), 혀(舌), 몸(身), 생각(意) 가운데 하나.

92) [원문 주] 정토선에 대한 구체적인 수행 방법은 아미따불의 거룩한 이름을 새길(念) 때 소리의 높낮이와 멈춤과 바뀜이 인간 세상에서 염불하는 법(唱法: 발음)과 다릅니다. 인연이 있는 읽는 이들께서는 싱가포르 남해보타사(南海普陀山)로 연락하여 문의하십시오. 그곳에는 관정 큰스님이 몸소 본보기로 염불한 녹음 테이프가 있습니다.
[옮긴이 주] 20년이 지난 현재, 싱가포르에서는 테이프를 구할 수 없게 되었습니다. 관심 있는 분들은 번역자에게 메일을 보내 주시면 컴퓨터나 MP3로 들을 수 있는 파일을 보내 드리겠습니다.
(e-mail: kori-koguri@naver.com)

관세음보살께서는 이어서 말씀하셨다.

"시간이 많이 없으니 여기서 바로 너를 데리고 아미따불 큰 탑인 '연꽃탑(蓮花塔)'을 보러 가겠다."

다시 몇 채의 다락집과 탑의 뾰족한 윗부분이 몸 가까이 스쳐 지나갔다. 오래지 않아 눈앞에 더할 나위 없이 장관인 큰 탑이 하나 나타났는데, 마치 중화인민공화국의 곤륜산(崑崙山)처럼

높고 커서 몇 층이나 되는지 알 수 없었다(적어도 몇만 층은 되어 보였다).

'연꽃탑'은 몇 모(角)로 되어 있는지 헤아릴 수 없었지만, 탑은 모두 안이 환히 들여다보이는 모양이고, 수만 가지 금빛을 내뿜고 있었다. 안에서는 '나모아미따불' 염불하는 소리가 은은하게 흘러나오고 있었는데. 먼저 하는 두 마디가 아주 뚜렷하였다. 첫 마디는 아주 애타게 도움을 청하는 것 같고, 둘째 마디는 곱고 낭랑하며 힘이 있어, 아주 친근한 맛이 있었다.

이 '연꽃탑'은 상품중생(上品中生)에 태어난 몇천, 몇만의 사람들만 가서 노닐 수 있다. 이 탑은 매우 커서 무어라고 표현하기 어렵고, 인간의 마음에 그려 볼 수도 없는 것으로, 어림잡아 몇천, 몇만 개의 지구를 합한 것만큼 커서 그 높이도 짐작조차 할 수 없다.

탑 안에는 갖가지 궁전들이 있는데, 여러 가지 빛깔이고 모두 안이 환하게 비치며 빛을 내고 있었다. 상품중생에 태어난 중생들이 이곳에 오면 '담'을 뚫고 마음대로 드나들어도 걸리거나 막힘이 없고, 위로 가거나 아래로 가거나 마음에서 한 생각하는 찰나 바로 가고 싶은 곳에 이를 수 있으며, 탑 안에는 없는 것 없이 모두 갖추어져 있다고 할 수 있다. 여기서는 화장세계(華藏世界)의 모든 중생과 모든 정경을 볼 수 있고, 몇백억 모든 붓다의 정토(淨土)도 볼 수 있는데, 그 속에 나타난 뛰어난 정경을 글로서는 만의 하나도 표현할 수 없을 정도이다. 상품중생의 중생들이 이런 붇다 나라에 가고자 하면 이것도 또한 찰나에 이루어지는 일이다.

우리가 '연꽃탑'에 들어가니 몸은 마치 엘리베이터를 탄 것처럼 한 층 한 층, 각 층을 지나 위로 올라갔다. 모두 안이 환히 들여다보여 층마다 아주 많은 사람이 염불하고 있는 것을 볼 수 있었는데, 모두 서른 살 안팎의 남자였다. 층마다 서로 다른 옷차림을 하고 있는데, 어림잡아 스무 가지가 넘는 빛깔로 나뉘어 있었다. 다만 여인은 한 명도 볼 수 없었고, 모든 남자는 연꽃자리에 단정하게 앉아 염불하고 있었다.

관세음보살께서 말씀하셨다.

"이곳은 여섯 때(六時) 수행으로 나누어 정진하는데, 두 때는 염불하고, 두 때는 참선하며, 두 때는 쉰다. 현재는 염불하는 시간이다."우리들이 한가운데 있는 한 층에 들어가 보니, 그들은 두 쪽으로 나누어 왼쪽과 오른쪽 그룹이 서로 마주 보며 나란히 앉아 있었고, 종과 목탁 치는 소리만 들릴 뿐 실물은 보이지 않았다. 그들이 앉은 깔개는 매우 아름다웠으며, 한가운데 큰 보살(大菩薩) 한 분이 이끌고 계셨다. 염불을 잘하는 사람은 머

리 위에 빛을 내고 있는데, 그 빛 속에 수많은 (화신)붇다가 있
는 것이 마치 아미따불의 빛 속에 몇억의 헤아릴 수 없는 화신
붇다가 나투는 것과 같았다. 큰보살의 빛 속에도 화신불이 나
투고 있었다. 갖가지 새들이 탑의 뾰족한 윗부분이나 강당 위에
서 이리저리 날아다니며 함께 따라서 염불하는데, 조금도 어지
럽지 않았다.

탑 안에는 갖가지 구슬 등과 유리 등이 모두 빛을 내는데, 둥근 공처럼 생긴 등은 스스로 움직여 여러 가지 형태로 바뀌며 온갖 빛을 내고 있었다. 한마디로 이곳 경계는 말을 해도 해도 다 할 수 없고, 그 모습을 그려 내기도 어렵다. 시방의 붇다에게 공양하는 일도 이곳이 중심을 이루고 있다. 이곳에서 모든 화장세계, 모든 중생, 모든 붇다와 성인을 볼 수 있고, 몇백, 몇억의 붇다 나라를 하나하나 눈앞에 비추어 볼 수 있다.

9장

아미따불의 가르침(開示)

9품(品) 연꽃을 다 돌아본 뒤, 우리는 다시 아미따불 앞으로 돌아왔다. 나는 아미따불 앞에 꿇어앉아 세 번 절을 올리고 간절하고 정성스러운 마음으로 나를 위해 가르침을 내려 주시길 청하였다. 이윽고 아미따불께서 금빛 입(金口)[93]으로 한마디 한마디 꼼꼼하게 가르침을 내려 주셨다.

"중생의 불성은 한결같이 고르고 똑같지만, 의식(意識)이 거꾸로 뒤바뀌어 곡두(幻)를 참으로 여기기 때문에 그 인연과 과보로 6가지 길(六道)[94]에 나고 죽는 윤회(輪廻)가 끊이지 않아 괴롭기 그지없다. (내가 했던) 48가지 바람(四十八願)에는 중생을 제도

---

93) 금빛 입(金口): 원문에 금구(金口)라고 되어 있는데, 붇다의 입을 높여 부르는 말이다. 붇다가 몸소 말씀하신 가르침은 털끝만큼도 잘못이 없고, 또 모든 중생에게 넉넉히 이익을 주기 때문에 금빛 입으로 하신 말씀(金口說·金口所說)·금빛 입으로 말씀하신 가르침(金口說法)·금빛 입으로 바로 하신 말씀(金口直說)이라고 한다. 또는 붇다 몸이 황금빛이고, 금강처럼 견고하므로 그렇게 부른다. 그냥 '금구(金口)'라고 옮기고, 그것을 말로 해 보면 '금구'가 무슨 뜻인지 도무지 알 수 없어 본디 뜻을 고스란히 가지고 있으면서도 알기 쉬운 금빛 입(金口)이라고 옮겼다. 한글 사전에서도 '붇다의 금 빛깔 입', '황금빛 나는 붇다의 입'으로 설명하고 있는데, 간추린다면 '금빛 입'이 알맞다고 할 것이다. 우리가 '금빛'이라고 하면 금이 가지고 있는 누런 색깔만 뜻하는 것이 아니라 바로 '빛나고 훌륭하다'는 뜻을 가진 '금빛 찬란한'이란 말이 떠오르는 것처럼, 금빛이란 훌륭하고 변함없고 값지고 눈부신 것이란 느낌을 가질 수 있다.
94) 6도(六道): 지옥·아귀·짐승·아수라·사람·하늘 같은 6가지 중생 세계.

하겠다는 다짐(誓願)이 있으니[95], 남자나 여자나 늙은이나 젊은
이나 믿음(信)·바람(願)·염불(行)[96]을 통해 한마음 흐트러지지 않
게 하는 것(一心不亂)[97]이 곧 정토선(淨土禪)이며, 이것이 바로 10번

---

95) 48가지 바람(四十八願)과 중생제도: 아미따불의 전신인 법장 비구가 붇다가 되기 전 210억 붇
다 나라의 경계 가운데 가장 좋은 것만 뽑아서 극락을 설계하고, 이 극락을 통해 중생을 제도
하겠다는 48가지 바람과 다짐(誓願)을 하는데, 그 가운데 인간을 제도하겠다는 3가지 바람과
다짐이 있다. 그 뒤 법장비구는 수많은 겁 동안 수행하여 붇다가 되고 그 바람과 다짐을 이룩
한 것이 극락이다.

96) 믿음(信)·바람(願)·수행(行): 아미따불의 그지없는 공덕과 극락세계에 대한 확고한 믿음, 극락
세계에 태어나고자 하는 간절한 바람, 지극한 염불 수행, 이 3가지를 극락에 가서 태어나기
위한 3가지 밑천(資糧)이라 한다.

97) 아미따경에 보면 "사리불아, 만일 선남선녀가 아미따불에 대한 설법을 듣고, 그 이름을 새기
되(執名号) 하루나 이틀이나 사흘이나 나흘이나 닷 새나 엿새나 이레 동안 한마음 흐트러지
지 않게(一心不亂) 이어 갈(持名号) 수 있으면, 그 사람의 목숨이 다할 때 아미따불이 여러 성
인과 함께 그 앞에 나타나시기 때문에, 그 사람이 목숨이 끊일 때 마음이 무너지지 않고 바로
아미따불 극락세계에 가서 태어나게(往生) 된다."는 내용이 있다. 여기서 보면 '한마음 흐트러
지지 않게(一心不亂)' 염불하는 것이 극락 가는 지름길이라는 것을 알 수 있다.

염불(十念)[98]이라는 것으로, 극락 와서 태어나는 것(往生)을 결정한다. ……"

나는 다시 무릎을 꿇고 절을 올리며 아미따불께서 가르침을 계속해 주시길 빌었다.

아미따불께서는 다시 가르침을 내려 주셨다.

"첫째, 너와 싸하세계는 연줄(緣)이 있으니, 수많은 전생의 부모·형제·누이·벗들을 제도하고, 계(戒)를 스승으로 삼고, 사람

---

98) 10번 염불(十念): 앞에서 본 48가지 바람(四十八願) 가운데 열여덟째에 다음과 같은 바람이
있다. "제가 붇다가 될 때, 시방 중생들이 마음 깊이(至心) 믿고 기뻐하며(信樂) 저의 나라에
태어나고자(欲生) 제 이름을 열 번까지 새겼는데도(十念) 태어날 수 없다면 깨달음을 얻지 않
겠습니다(設我得佛 十方衆生 至心信樂 欲生我國 乃至十念 若不生者 不取正覺)." 그 뒤 아미따
불이 되어 극락을 다스리고 있기 때문에 이 다짐은 현실이 되어 있고, 따라서 사람들이 이 열
여덟째 다짐대로 하면 극락에 갈 수 있다는 것이다.

들에게 정토선(淨土禪)을 배워 익히고, 선(禪)과 정토(淨土)를 함께 닦도록 가르쳐라.

둘째, 유교·도교·(사꺄무니 불교의 10가지 종단을 아우른)불교·기독교·이슬람교 같은 여러 종교계가 서로 돕고 서로 북돋아 주어야지 서로 비웃고 헐뜯어서는 안 된다. 보기를 들어 말하면, '나는 바르고 너는 삿되다.', '나는 옳은 길이고 너는 마귀다.', '나는 높고 너는 낮다.', '나는 훌륭하고 너는 상스럽다.'라며 한쪽의 모자라는 면만 잡아내 비웃고 헐뜯는 것을 그치지 않으면 죄다 함께 없어지게 되니 참으로 그렇게 해서는 안 된다.

불문(佛門)은 넓고 커서 8만 4천 법문(法門)이 있다. 가르침이 모두 참되기 때문에 수행자들은 삿된 것을 바르게 할 수 있고, 마귀를 바른길로 바꿀 수 있고, 작은 것을 큰 것으로 돌릴 수 있다. 반드시 서로 돕고 서로 사랑하여, 삿된 것을 바로잡고 올바른 것을 받드는 것이 바로 붇다의 지혜(慧命)를 올바로 이어받는 바른 맥(正宗)이다."

잠깐 멈추었다가 아미따불께서 한마디 하셨다.

"됐다. 너는 이제 바로 돌아가도록 하여라."

나는 감사의 절을 거듭 올리고 또 올렸다.

돌아오는 길을 달리고 또 달리는데, 발밑에는 지난번과 마찬가지로 두 송이 연꽃이 날고 있었다. '남천문(南天門)'은 보이지 않고 곧바로 '중천나한(中天羅漢)의 다락집(樓閣)'으로 돌아와 내가 다라니 외는 것을 멈추자, 발아래 있던 연꽃이 사라졌다.

　이번에도 사내아이가 맑은 물 한 잔을 주면서 마시게 했고, 손님맞이를 맡은 스님이 나에게 방 안에 들어가 쉬도록 하였다. 나는 스스로 너무 빠르다는 느낌이 들 정도로 바로 깊은 잠에 빠져들었다.

10장

인간 세상으로 돌아오다

- 구선산(九仙山) 미륵동굴(彌勒洞)

내가 잠에서 깨어났을 때는 어떤 절도, 어떤 사당도, 어떤 보
살이나 하늘사람(天人)도 더 이상 보이지 않았고, 기품 있고 웅
장하며 금빛이 반짝이던 큰집(大殿)도 보이지 않았다. 다만 극
락세계에서 어림잡아 하루 밤낮(20시간 안팎) 빼어난 경치를 실
제로 돌아본 것은 똑똑하게 기억나서 마치 눈앞에 환히 보이는
것 같았다.

　이때 사방 둘레는 새까맣게 어두워 손을 펴도 다섯 손가락이

보이지 않을 정도였는데, 나는 동굴 속 바위 위에 홀로 앉아서 명상에 잠겨 있다는 것을 느낄 수 있었다. 얼마 뒤, 아득히 먼 곳에서 새벽빛이 새 들어오면서 내 정신도 조금씩 여느 때와 같이 되돌아왔다.

　나는 동굴 속에서 2~3일 동안 절을 올리면서 소리쳐 불러 보고, 뛰어 보고, 울어 보았지만, 아무런 대답이 없었다. 나는 한 걸음씩 산 아래로 내려와 20리 남짓 가서 적수가(赤水街: 마을 이름)에 다다랐다. 자주 오가는 사람들이 보여 길 가는 사람에게 한마디 물어보고 깜짝 놀라지 않을 수 없었다. 알고 보니 날짜가 이미 1974년 4월 8일이라고 해서, 손가락으로 꼽아 헤아려 보니 인간 세상을 떠난 지 벌써 꼬박 6년 5개월이 넘게 지나 버린 것이다.

깨달으면(覺) 보살이요 흐려지면(迷) 중생이라.

불법에 씨앗 심어 연줄(緣) 만나면 생사를 벗어나느니.

나 이제 마땅히 돌아가신 스승 허운(虛雲) 노화상 뜻을 이어

법을 널리 펴 연줄 있는 중생을 극락으로 이끌리.

바라오니, 이번 공덕이 모두에게

널리 퍼지고 고루 미쳐

우리와 중생이 모두 함께

불도를 이루어지이다.